# Το ξύπνημα
# του Ντίνου Φούσκα

Κατασκευή εξωφύλλου: Άλεξ Τάδε
Εικονογράφηση: Άλεξ Τάδε
Επιμέλεια κειμένου: Στέλλα Αν.
Επιμ. έκδοσης: Εκδόσεις Μέθεξις

© Copyright Εκδόσεις Μέθεξις 2014
Κεραμοπουλου 5, Θεσσαλονίκη ΤΚ 546 22
Τηλ. - Fax: 2310-278301
e-mail: info@metheksis.gr
www.metheksis.gr

ISBN: 978-960-6796-53-1

Αριθμ. Έκδοσης 57

Άλεξ Τάδε

# Το ξύπνημα
# του Ντίνου Φούσκα

μέ
δε
ξις εκδόσεις

Θεσσαλονίκη 2014

Σκοτάδι. Σχεδόν απόλυτη ησυχία, πέρα από ένα πολύ ελαφρύ, συνεχόμενο βουητό μηχανής. Ανοίγει το χαμηλής έντασης μπλε φως. Στους ήχους προστίθεται ο ήχος των δυο ανθρώπων που μόλις το άναψαν. Ένας κρύος, λευκός χώρος, αποστειρωμένος με μια πρώτη ματιά, αλλά η ζωή στους τοίχους προδίδει πως είναι κλειστός χρόνια χωρίς τακτική ανθρώπινη παρουσία. Ο καταψύκτης της κρυονικής ξεχωρίζει. Είναι ογκώδης και εντοιχισμένος, με ένα σωρό εντυπωσιακά καντράν και κουμπιά της εποχής του '80. Ο χώρος είναι διαμορφωμένος, έτσι ώστε να τον υπηρετεί. Οι δύο τύποι πλησιάζουν τον καταψύκτη με αργές, προσεκτικές κινήσεις.

1ος
-Και τι του είπε ο γιατρός;

2ος
-«Ξεκίνα», του λέει, «κατευθείαν αμμόλουτρα». Χαρούμενος αυτός απαντάει, «Αμμόλουτρα!!! Και τι, γιατρέ μου, θα γίνω καλά;» «Όχι», του λέει «θα συνηθίσεις στο χώμα!!!»

-Ήταν λίγο μαύρο, οφείλω να ομολογήσω, αλλά επίκαιρο.

-Ναι, πλάκα- πλάκα!

Καθώς πλησιάζουν στον καταψύκτη, βλέπουν ένα κόκκινο κουτί. Το ξεκλειδώνει ο 1ος με ένα περίεργο μεγάλο κλειδί. Το ανοίγει με δυσκολία. Μέσα του βρίσκεται και ένα δεύτερο μικρότερο φωτεινό κουτάκι. Το ξεκλειδώνει με ένα ψηλό και μακρύ κλειδί. Το ανοίγει και ξεπροβάλλει ένα επιβλητικό κόκκινο κουμπί παλιού τύπου, εκείνης της εποχής. Το πατάει με μια αργή, σταθερή κίνηση. Τα βλέμματα στραμμένα στον καταψύκτη. Θόρυβος από τη μηχανή. Σταματάει απότομα. Μια ρομποτική φωνή ανακοινώνει: «Η ταχεία απόψυξη ολοκληρώθηκε επιτυχώς».

Ανοίγουν την καλά σφραγισμένη πόρτα του καταψύκτη με δυσκολία και βγαίνει κρύος καπνός ψύχους.

Ο Ντίνος Φούσκας!!

Είναι ξαπλωμένος, καλωδιωμένος και το χλωμό δέρμα του έχει μια μπλε απόχρωση από το χρώμα της λάμπας. Δείχνει σαν πτώμα. Η αναπνοή και ο χτύπος της καρδιάς του είναι τόσο ανεπαίσθητα που δεν γίνονται αισθητά ούτε ακουστικά, ούτε οπτικά. Επικρατεί ησυχία στον χώρο. Την ησυχία διακόπτει η ομιλία.

2ος

-Να 'τος, λοιπόν, ο Ντίνος Φούσκας.

1ος

-Η διαδικασία ταχείας απόψυξης ολοκληρώθηκε. Η θερμοκρασία του σώματός του επανήλθε στη φυσιολογική. Σε δύο μέρες θα αρχίσει να αποκτάει ξανά τις αισθήσεις του μετά από τόσα πολλά χρόνια βαθύ ύπνο. Φύγαμε για νοσοκομείο!!

Η επέμβαση στον Ντίνο ολοκληρώνεται επιτυχώς. Θα ξαναζήσει υγιής.

Το χρώμα του προσώπου του Ντίνου ολοένα και επανέρχεται στο φυσιολογικό. Το σώμα του αρχίζει να ενεργοποιείται. Ο εγκέφαλός του αρχίζει να δέχεται ερεθίσματα. Ανοίγει τα μάτια του. Ένα απλανές, ανέκφραστο βλέμμα με δόσεις αδύναμης ανησυχίας. Το οπτικό πεδίο του είναι ακόμη θολό. Βλέπει ένα θολό, φυσικό, πανέμορφο περιβάλλον, που αυτή η θολούρα τού προσδίδει δόσεις μυστηρίου. Δείχνει σαν τον παράδεισο. Προστίθεται επιπλέον θολούρα. Βούρκωσε.

Αυτός ο μυστήριος, για τον Ντίνο, τόπος δεν είναι τίποτε άλλο παρά ένα φυσικό, μη αστικό τοπίο. Όχι κάτι το ιδιαίτερο, απλά με ήπιες καιρικές συνθήκες, για παράδειγμα μια αίθρια, ανοιξιάτικη ημέρα στην ύπαιθρο. Η ομορφιά της γης, η ομορφιά της φύσης, της ζωής. Μια πανέμορφη εικόνα. Μια εικόνα ζωής για τη ζωή, που επανέρχεται στο σώμα του Ντίνου. Μια εικόνα που συνοδεύεται από τον ήχο της φύσης, της ζωής, τον πλούσιο και ώριμο ήχο της φύσης. Ένα μέρος με μονή ανθρώπινη παρέμβαση-ιδιαιτερότητα την προστασία του Ντίνου. Είναι ακόμη αδύναμος. Έχει ανάγκη την ανθρώπινη βοήθεια και τα εργαλεία του. Βρίσκεται ξαπλωμένος σε ένα ξύλινο κρεβάτι με βαμβακερό στρώμα και κουβερτούλα. Δίπλα μια κατασκευή σαν σκεπή σε περίπτωση βροχής, ενώ επίσης βρίσκονται και οι δύο τύποι, οι οποίοι θα βοηθήσουν την προσαρμογή του Ντίνου ξανά στη ζωή. Οι κατασκευές είναι πλήρως προσαρμοσμένες στο τοπίο. Το τοπίο τους αγκαλιάζει. Το πρώτο χαμόγελο σκάει στο πρόσωπο του Ντίνου. Ο ένας προσαρμοστής τού αλέθει τροφή με γουδοχέρι σε ξύλινη γαβάθα. Φτιάχνει εύπεπτη κρεμούλα για τον Ντίνο σαν αυτές που τρώνε τα μωρά. Δίπλα του βρίσκεται ένα ψάθινο καλάθι με φρέσκα φρούτα.

1ος
-Ώρα για φαγητό!

2ος
-Πείνασες, Ντίνο;
Ο Ντίνος με αρκετά αδύναμη φωνή και χαμογελαστό μορφασμό σαν μπέμπης:
-Εεε λίγο...

1ος
-Πολύ ωραία! Θα φάμε όλοι μαζί!!

2ος
-Σου έχουμε νόστιμη φρουτόκρεμα με γιαούρτι!

Τον βοηθάνε να σηκωθεί, του βάζουνε πετσετούλα, για να μη λερωθεί, τον ταΐζουν κρεμούλα και παράλληλα τρώνε και αυτοί σαλάτα, φρούτα και τυρί.

Ο Ντίνος κάνει τα πρώτα του βήματα. Περπατάνε σε χωμάτινο δρόμο. Ο Ντίνος κρατάει μαγκούρα στα χέρια και υποβαστάζεται από τους προσαρμοστές του. Τα ρούχα τους άνετα, λειτουργικά, βαμβακερά με απλά, όμορφα χρώματα. Στις γκριμάτσες του Ντίνου αποτυπώνεται η προσπάθειά του.

Κοντοστέκεται λίγο ταλαιπωρημένος και με αδύναμη φωνή λέει:
-Δεν μου έχετε πει τίποτα για το πού βρίσκομαι. Ποιοι είστε; Αναμνήσεις στριφογυρνάνε στο κεφάλι μου, είμαι πολύ μπερδεμένος.

2ος

-Γνωρίζουμε πως, σαφώς, έχεις πολλές απορίες αλλά εμπιστεύσου μας, πολύ σύντομα θα τις λύσεις. Είσαι ακόμη πολύ αδύναμος. Προς το παρόν να σε ενδιαφέρει να ξαναδυναμώσεις, να επανέλθεις σε επαρκή λειτουργικότητα. Άλλωστε το πού και ποιοι είμαστε περίπου το αντιλαμβάνεσαι.

-Ναι, αλλά θέλω να μάθω περισσότερα από αυτά που αισθάνομαι... Και αυτές οι αναμνήσεις, οι σκέψεις!!

-Σε παρακαλούμε, εμπιστεύσου μας.

Ο Ντίνος νιώθει αδύναμος και συμφωνεί με ένα Οκ.


Κινησιοθεραπεία σε πανέμορφα, φυσικά λουτρά.


1ος

-Θα τραγουδάμε παράλληλα, ώστε να ασκήσεις τη γνάθο και την ομιλία σου. Γύμναση και αναψυχή. Θα πούμε... εεε... ας αρχίσουμε με το γνωστό, «τα παπάκια στο νερό κάνουν μπάνιο δροσερό....»!

Κατόπιν είπαν και άλλα γνωστά παιδικά χαρούμενα σουξέ όπως το «Περνά, περνά η μέλισσα με τα μελισσόπουλα...», «Ήταν ένας γάιδαρος με μεγάλα αυτιά...» το «Βγαίνει η βαρκούλα, βγαίνει η βαρκούλα του ψαρά από το περιγιάλι, βαρκούλα...» και δεν συμμαζεύεται.

Είναι εμφανής η ευχάριστη διάθεσή τους και δημιουργεί μία όμορφη και χαρούμενη ατμόσφαιρα.

... ένα σανό χαμηλής ωρίμανσης με πέστο βασιλικού 8 αφρό κουνουπίδι Παρακαλώ...

Αράζουν χαλαρά, ημέρα βροχής σε βεράντα ενός πολύ απλού, γραφικού σπιτιού.

Ευδιάθετοι λένε ανέκδοτα. Το χρώμα επανέρχεται στο πρόσωπο του Ντίνου. Πλέον κινείται και μόνος του.

Ντίνος
-Ρε παιδιά, ωραία περνάμε, αλλά θέλω να ξέρω. Θα σκάσω, θα μου πείτε τι συμβαίνει;

2ος
-Οκ, Ντίνο, πλέον θεωρούμε πως είσαι πάλι αρκετά ζωντανός... Αναγεννήθηκες. Θα αντέξεις, σαφώς, την οποιαδήποτε συγκίνηση που- πιθανόν- θα σου προκαλέσει η συναισθηματική φόρτιση της αναγέννησης των αναμνήσεων. Άλλωστε πλέον είσαι έτοιμος σωματικά να προσαρμοστείς στην τωρινή πραγματικότητα. Βέβαια, θα συνεχίσουμε να σε βοηθάμε να προσαρμοστείς και να ενταχθείς στο κοινωνικό σύνολο.

Ο Ντίνος τους κοιτά πολύ συγκεντρωμένος. Αγωνία αποτυπώνεται στο πρόσωπό του και το χτυποκάρδι αυξάνεται.

2ος
-Ντίνο, όπως είδες μέχρι τώρα, η γη είναι έτσι όπως τη θυμάσαι.

Ντίνος
-Ναι, αλλά όχι ακριβώς... Εγώ θυμάμαι πόλεις, δρόμους, αυτοκίνητα, ουρανοξύστες, πολιτισμό.

2ος
-Χαχα! Ναι, έγιναν κάποιες αλλαγές. Η γη παρέμεινε έτσι όπως ήταν βέβαια.

10

1ος
-Ό,τι σώθηκε, αλλά δεν είναι της στιγμής.

2ος
-Το περιβάλλον της κοινωνίας του ανθρώπου δεν είναι ακριβώς όπως εδώ που βρίσκεσαι τώρα, αν και βέβαια μοιάζει αρκετά. Δεν θέλαμε να σε τοποθετήσουμε αμέσως στην κοινωνία, γιατί θα δεχόσουν πολλά ερεθίσματα και θα σου δημιουργούνταν πολλές απορίες και προβληματισμοί. Οι πολλοί άνθρωποι θα δυσκόλευαν το στάδιο της ολοκληρωμένης σωματικής σου αναγέννησης.

1ος
-Σκεφτήκαμε πως αυτό το ήπιο, φυσικό περιβάλλον που υπάρχει ευχάριστα στις αναμνήσεις σου, γιατί είναι εκ των πραγμάτων αρμονικό και υγιές, παρέα με τη δική μας συμπαράσταση και φροντίδα θα ήταν ό,τι πρέπει, για να επανέλθεις. Άλλωστε η συμπεριφορά σου αυτό έδειχνε, πέρα από τη φυσική, έκδηλη απορία σου.

Ντίνος
-Όντως, σας ευχαριστώ! Είστε πολύ φιλόξενοι. Η όλη συμπεριφορά σας, η πραότητά σας… Ναι, και το περιβάλλον! Όλα με ηρεμούσαν και έδρασαν καταλυτικά στο να κατευνάσω την ανησυχία μου και να προσπαθώ να ξαναδυναμώσω. Αλλά, να με συμπαθάτε, θέλω να ξέρω!

2ος
-Αρχικά θα ξεδιαλύνω τη μνήμη σου για κάτι που σίγουρα θέλεις να μάθεις άμεσα. Ποιος είσαι και πώς βρέθηκες εδώ.

Ντίνος
-Έπεσες διάνα!

1ος

-Πολύ ωραία. Λοιπόν, ονομάζεσαι Ντίνος Φούσκας. Ήσουν σπουδαίος μπασκετμπολίστας. Έπαιζες στις βράκες της Νέας Υόρκης. Φορούσες την φανέλα 62. Απέκτησες πολλή δόξα, πολλά πλούτη. Όλοι θαύμαζαν το στυλ του σουτ σου, γνωστό ως «σουτ-αφού». Ο κόσμος που ασχολούνταν με το μπάσκετ σε λάτρευε! Όταν αποσύρθηκες, ασχολήθηκες και με τις καλές τέχνες, ερασιτεχνικά αλλά με ιδιαίτερο πάθος. Μάλιστα λεγό-ταν, με μια δόση χιούμορ, πως ήσουν καλλιτέχνης στο παρκέ, «Ζωγράφιζες», οπότε το 'χες και ήταν φυσικό επακόλουθο.

Ο Ντίνος ακούει προβληματισμένος και μια ικανοποίηση προβάλλει στο πρόσωπο του, ενώ οι μακριοί αντίχειρές του πιάνονται στις μασχάλες.

2ος

-Ζούσες, κυρίως, στη Νέα Υόρκη πλουσιοπάροχα αλλά και πολύ δραστήρια. Ήσουν διάσημος.

Ντίνος

-Και εδώ, πώς βρέθηκα εδώ;

1ος

-Λοιποοόν... Που λες, Ντίνο, πριν πολλά χρόνια προσβλήθη-κες από μια ασθένεια, η οποία δεν μπορούσε να θεραπευτεί

12

στα χρόνια σου. Έτσι, αποφάσισες μαζί με το ιατρικό team να καταψυχθείς, με σκοπό αν βρεθεί η θεραπεία στο μέλλον να σε ξεπαγώσουν, ώστε να θεραπευτείς και να μπορέσεις να συνεχίσεις την ζωή σου. Έτσι και έγινε. Το θυμάσαι;

Ο Ντίνος σκεπτικός, σχεδόν αφηρημένος, χαμένος στις σκέψεις του:

-Ναι, φοβερό!!! Ναι, όσο τα σκέφτομαι, τόσο ξεδιαλύνονται στον νου μου και ξαναζωντανεύουν και αυτά. Πω, πω απίστευτο...

2ος

-Θα σου δώσουμε βασικά λίγο χρόνο, να τα σκεφτείς καλύτερα. Αράξτε εδώ, εγώ πάω για κάτι δουλειές και θα έρθω ξανά αργότερα.

Ντίνος

-Όντως, αν και τα ψιλοθυμάμαι, τώρα που τα λες... Αλλά ναι, μου ήρθαν λίγο απότομα. Πού πας πάλι εσύ; Πότε θα ξανάρθεις; Τώρα που ξεκίνησες! Θα σκάσω, θέλω να μάθω κι άλλα!!

2ος

-Μη σκας, πάρε τον χρόνο σου, να θυμηθείς και να πλουτίσεις με περισσότερες λεπτομέρειες τις αναμνήσεις σου. Να τις ξεδιαλύνεις καλύτερα. Άλλωστε να σου πω; Ναι! Γνωρίζω αρκετά για εσένα και την εποχή σου, αλλά σίγουρα αυτός που ξέρει τα περισσότερα είσαι εσύ.

1ος

-Σου δώσαμε τις βάσεις, τώρα πάρε τον χρόνο σου να σκεφτείς, μόνος σου, ήσυχα.

Ντίνος

-Δίκιο έχετε, οπότε τα λέμε αργότερα.

2ος
-See ya!

Ο Ντίνος στριφογυρνάει στο δωμάτιο του. Σκέφτεται. Δείχνει να βάζει σε μια σειρά τις αναμνήσεις του, παραμιλάει, γελάει, κάθεται στην καρέκλα, σηκώνεται, αρχίζει να θυμάται τις τρίπλες του και το φουσκοχλατσωτό του στυλ. Τα πόδια και τα χέρια πάνε σχεδόν από μόνα τους. Ίδρωσε. Ξαπλώνει στο κρεβάτι, γελάει, στεναχωριέται, πιάνει το κεφάλι του, κλαίει, νιώθει απόγνωση, νιώθει τρόμο, τον πιάνει κρίση πανικού. Ο 1ος που τον παρακολουθεί διακριτικά μέσω κάμερας, ειδοποιεί μέσω συσκευής, που βρίσκεται μέσα στο κεφάλι του, τον 2ο και τον ενημερώνει να κοιτάξει τι γίνεται, ώστε να έρθει. Μπορούν να μεταδοθούν μηνύματα απεικόνισης απομακρυσμένης πραγματικότητας κατευθείαν στον εγκέφαλο.

Ο 2ος εργάζεται εκείνη την ώρα στον μπαξέ. Εκεί που δουλεύει, κοντοστέκεται. Κλείνει τα μάτια του και οι εκφράσεις του προδίδουν ότι αντιλαμβάνεται τι συμβαίνει στον Ντίνο. Αφήνει κατευθείαν τις δουλειές του και πάει να τους βρει.

Εντωμεταξύ ο 1ος με βιαστικές κινήσεις μπαίνει στο δωμάτιο, αγκαλιάζει τον Ντίνο και προσπαθεί να τον ηρεμήσει, επαναλαμβάνοντας συνεχώς την πρόταση «ηρέμησε, ηρέμησε όλα θα παν καλά, μην ανησυχείς», αγκαλιάζοντάς τον και τρίβοντάς του την πλάτη. Ο μεγαλόσωμος Ντίνος σχεδόν καταρρέει, κλαίγοντας σαν μωρό στην αγκαλιά του.

Μετά από λίγο μπαίνει και ο 2ος στο δωμάτιο και τους βρίσκει να κάθονται σιωπηλοί στο κρεβάτι.


2ος
-Τι λέει, μεγάλε μου, αναστατώθηκες εεεε;

Ντίνος
-Ναι, ψιλοφρίκαρα (μιλάει κομπιάζοντας). Α ρε γαμώτο...

   Σιωπή. Τα λίγα δευτερόπτα ησυχίας διαρκούν κάμποσο.

2ος
-Τώρα σε βλέπω καλύτερα.

Ντίνος
-Ναι, ηρέμησα, ευχαριστώ.

2ος
-Ρε συ 1ε, πιάσε την κιθάρα σου και θα φέρω εγώ λίγο τσιπου-
ράκι, να πούμε κανένα τραγουδάκι να χαλαρώσουμε. Θα φέρω
και κάνα μεζέ από κάτω, θα παίξει γλεντάκι!!

   Κάθονται στο τραπέζι. Ο 1ος γεμίζει τα ποτηράκια.

Ντίνος
-Τι είναι αυτό;

1ος
-Τσίπουρο! Πατροπαράδοτο, αλκοολούχο ποτό που παράγε-
ται κυρίως από σταφυλιά.

2ος
-Χαλαρωτικό και ανεβαστικό!! Άντε αρκετά θυμήθηκες σήμε-
ρα! Τώρα έχει τραγούδι και χορό!!
   Ακολουθεί κιθάρα και τραγούδι από τον 1ο, τσιπουράκι και
αρχίζουν οι χοροί και τα τσιφτετέλια.
-Άιντε να πεθάνει ο χάρος!!!!!

Ντίνος

-Α ρε, πολύ ωραία!!! Πολύ, πολύ ωραία!

Μετά το γλέντι ο Ντίνος πέφτει για ύπνο σαν πουλάκι.

Ξυπνάει το πρωί ακόμη ορεξάτος, φρέσκος και καλοδιάθετος. Γεμίζει ένα ποτήρι νερό να πιει. Έχει εκεί ψωμάκι, κόβει δύο φέτες, τις αλείφει με μέλι, στύβει και δυο πορτοκάλια, τρώει, πίνει και έπειτα πάει τουαλέτα. Πλέον φαίνεται ότι επανήλθε η σωματική του επάρκεια. Βγαίνει και κάθεται έξω στη βεράντα.

Κατόπιν έρχεται και ο 2ος
-Καλημέρα!

Ντίνος
-Καλημέρα!!

2ος
-Γουστάραμε χθες εε; Ωραία την περάσαμε;

Ντίνος
-Ναι, πολύ ωραία.

2ος
-Ψήνεσαι να πάμε καμιά βόλτα εδώ πιο κάτω στον μπαξέ;

Ντίνος
-Στον μπαξέ; Σαφώς, γιατί όχι;

2ος
-Οκ. Φύγαμε τότε.

Στον μικρό περίπατο έως τον μπαξέ.

Ντίνος
-Πέρασα πολύ ωραία χθες, ωραία μουσική, ωραία τραγούδια και αυτό το τσιπουράκι πολύ ανεβαστικό.

2ος
-Ναι, πλάκα είχαμε! Χααχαχα...

Ντίνος
-Ναι! Και ο 1ος φαίνεται ήσυχος και σοβαρός, αλλά είναι πρώτος στον χορό και στο τραγούδι.

2ος
-Ναι, ο μπαγάσας!
Έφτασαν στον μπαξέ. Ο μπαξές είναι ένας κλασικός μπαξές χωριού συν ένα θερμοκήπιο πλήρως φιλικό προς το περιβάλλον. Εκτός από διάφορα σύγχρονα μηχανήματα, υπάρχουν παλιά κλασικά εργαλεία. Φτυάρια, τσάπες, κλαδευτήρια...

2ος
-Πώς σου φαίνεται ο μπαξές;

Ντίνος

-Πολύ ωραίος!

-Όπως βλέπεις, συζώ επίσης με κοτούλες και δύο αγελάδες. Τις φροντίζω και μου δίνουν αυγά και γάλα.

-Περίφημα! Αν και ο κόκορας με κοιτά λίγο αρπαγμένος. Κοίτα τον.

-Εε είναι ο αρχηγός εδώ στο κοτέτσι. Μεγάλο μούτρο αλλά και φύλακας! Έχει και αλεπούδες εδώ γύρω, οπότε είναι ζωηρός και δυνατός.

-Θα 'χω τον νου μου. Πάντως πολύ ωραία. Μπράβο! Νοικοκυρεμένος!

-Χαίρομαι που σου αρέσει! Επιπλέον σήμερα θα σου δείξω και πώς κλαδεύουν.

-Ωραία.

-Πρώτα, όμως, θα σου κάνω μια ξενάγηση.

Καθώς τον ξεναγεί στις καλλιέργειες, του λέει:

-Εδώ βλέπεις μια συμβιωτική κατάσταση ανθρώπου με διάφορα φυτά. Εμείς προσφέρουμε στα φυτά φροντίδα και τις καλές συνθήκες· θερμότητα, νερό, γενική προστασία και περιποίηση, ώστε αυτά να ζουν με καλή υγεία και να μας δίνουν καρπούς ή διάφορα μέρη του βλαστού τους, να τρώμε. Και τι είναι ο καρπός ή ο βλαστός; Είναι το δημιούργημα της φωτοσύνθεσης. Η ενέργεια του ήλιου που αποθηκεύεται από τα φυτά σε δομές άνθρακα. Αυτές οι δομές δίνουν σε αφομοιώσιμη -για εμάς- μορφή την ενέργεια του ήλιου και αλλά πολύτιμα συστατικά. Ο άνθρωπος προέκυψε και ζυμώθηκε με τα φυτά, με δομή και ενέργεια κυρίως από αυτά. Όλοι οι εν ζωή οργανισμοί περιέχουν ενέργεια του ήλιου σε δομή από στοιχεία της γης και βασικότερο δομικό υλικό τον ευμετάβλητο άνθρακα. Η δομή αυτή δημιουργήθηκε μετά από δισεκατομμύρια χρόνια ζύμωσης των στοιχείων της γης υπό την ενέργεια του ήλιου. Έτσι φτιάχτηκαν τα πρώτα όντα της γης, τα οποία κατά την προσαρμογή τους στο πλούσιο ανάγλυφο και περιβάλλον της γης πήραν διάφορες μορφές- δομές. Μορφές που μεταβάλλονται διαρκώς, ώστε να προσαρμόζονται και να είναι ζωντανές και υγιείς. Μορφές που επειδή φθείρονται και πεθαίνουν, διατηρούνται με την αναπαραγωγή. Δηλαδή το δομικό πλαίσιο και τα πεπερασμένα όργανα φθείρονται φυσικώς, και όταν κάποιο χαλάσει και αν δεν μπορεί να διορθωθεί, το δομικό πλαίσιο καταρρέει και έτσι επέρχεται ο γνωστός θάνατος. Τα στοιχεία από τα οποία αποτελείται αυτό το δομικό πλαίσιο, σαφώς επιστρέφουν στη γη και σαφώς ξαναγίνονται ζωή.

Ο Ντίνος ακούει προσεκτικά και ξεροκαταπίνει, όταν ακούει την λέξη θάνατος.


Ο 2ος συνεχίζει…
-Το είδος, όμως, συνεχίζει να υπάρχει, γιατί η δομή μεταδίδεται σε νέες παρόμοιες δομές πριν πεθάνει. Πιο επιστημονικά, η πληροφορία για τη δόμηση και τη λειτουργία της δομής βρίσκεται βιολογικά κωδικοποιημένη στο DNA και μεταδίδεται στις επόμενες γενιές με τη γνωστή σε όλους μας αναπαραγωγή. Αν ξεφύγεις από το εγώ σου, τις σκέψεις που προκύπτουν από τον εγκέφαλό σου, είσαι ένα με την υπόλοιπη ζωή και περεταίρω με όλο το σύμπαν, χαχαχαχαχαχαχα!!

Ντίνος (κοιτώντας τον λίγο τρομοκρατημένος)
-Ωππς, γιατί γελάς; Και βάστα λίγο, δεν σε έπιασα ακριβώς… Μου τα είπες και λίγο μαζεμένα.
-Χααχαχα! Ναι, για αυτό γελάω, όντως. Ξεκίνησα από τον μπαξέ και το πήγα στην ύπαρξη των ζωντανών οργανισμών στη γη και στο τέλος το γύρισα και σε φιλοσοφία!!! Χαχαχα! Αλλά

έμεινα στο θέμα της ζωής που αποτελεί σχεδόν το 100% της πραγματικότητάς μας. Μετά έρχεται η φυσική με την εξερεύνηση του σύμπαντος. Του υποθετικά άπειρου σύμπαντος... Ξέρεις, μου αρέσει το καθετί να το στηρίζω σε υπαρκτές βάσεις και πολύ συχνά αναφέρομαι σε αυτές. Ας σου δείξω τώρα κάτι πιο πρακτικό. Πιάσε εδώ το κλαδευτήρι. Θα σου μάθω να κλαδεύεις!

Και του εξηγεί, γιατί κλαδεύουν. Κατόπιν του δείχνει πώς κλαδεύουν.

Ντίνος
-Πολύ ωραία! Πλάκα έχει. Και καλή γυμναστική.

2ος
-Θα χαρώ πολύ να σου δείξω και να σου μάθω αρκετά από αυτά. Επιπλέον για όσο είσαι εδώ, από ό,τι βλέπω δεν θα χρειαστώ και σκάλα.

Ενώ κλαδεύουν ο Ντίνος ρωτάει τον 2ο:
-Θυμήθηκα και συνεχίζω να θυμάμαι αρκετά από την τότε ζωή μου. Ποσά χρόνια πέρασαν από τότε; Πόσα χρόνια ήμουν στην κατάψυξη;

2ος
-#^00*

Ντίνος
-Κάμποσα εεε!!

---

**η ημερομηνία του παρόντος είναι ανοιχτή

2ος

-Η θεραπεία βρέθηκε και έτσι αποφασίστηκε όπως τα είχατε κανονίσει να σε ξεπαγώσουν. Εγώ και ο 1ος προσφερθήκαμε εθελοντικά να βοηθήσουμε να δυναμώσεις και κατόπιν να σε βοηθήσουμε και στην προσαρμογή σου στην κοινωνία.

-Εδώ τι είναι;

-Εδώ είναι το σπίτι που μένω. Μου αρέσει η ησυχία και να ζω με τα φυτά μου. Εντάξει, δεν είμαι ξεκομμένος από τους ανθρώπους. Φιλοξενώ εδώ ανθρώπους τον περισσότερο καιρό και σαφώς ασχολούμαι και με τα κοινά. Συχνά πάω και βόλτες σε πιο πολυπληθείς κοινότητες.

-Κοινότητες; Να σου πω την αλήθεια περίμενα διαφορετικό το μέλλον, πολύ διαφορετικό.

-Πώς περίπου;

-Πιο αυτοματοποιημένο.

-Τι; Θα σου άρεσε να κάθεσαι και να μην κάνεις τίποτα;

-Πιο διαστημικό, πιο παράξενο.

-Βρίσκεσαι στη γη, είσαι κομμάτι της γης.

-Όντως, αλλά ξέρεις μου φαίνεται- πέρα από κάτι περίεργους μηχανισμούς στο θερμοκήπιο- λες και εντέλει γύρισα πίσω στον χρόνο.

-Είναι γεγονός πως υπάρχει μεγάλη τεχνολογική εξέλιξη, όπως οι νάνο- υπερυπολογιστές που είναι εργαλεία που εμφυτεύουμε στους εγκεφάλους μας και μας βοηθούν στην εξ αποστάσεως επικοινωνία, στην πληροφόρηση και στην κατοχή γνώσης και σε πάρα πολλά άλλα θέματα. Σύντομα θα μάθεις και εσύ να τους χρησιμοποιείς, αν το θέλεις φυσικά.

-Έλα ρε, έχεις τέτοιο πράγμα μέσα στο κεφάλι σου;

-Ναι, είναι εργαλείο που μας βοηθάει σε πολλά θέματα, αλλά δεν το χρησιμοποιώ πολύ. Κυρίως σε περιπτώσεις ανάγκης και σαφώς για κατοχή γνώσης.

-Έλα ρεεε!! (Και τον κοιτά εντυπωσιασμένος) Και για πες μου πώς είναι τώρα τα πράγματα; Η ανθρωπότητα;

-Τα πράγματα πλέον είναι πραγματικά πολύ καλά.

-Δηλαδή; Και γιατί πλέον καλά;

-Δηλαδή η ανθρωπότητα πέρασε από κάποια μαύρα χρόνια.

-Μαύρα;

-Ναι μαύρα… πολλή καύση. Τα μαύρα χρόνια του καταναλωτισμού και της καταστροφής. Της παραγωγής σκουπιδιών, βλαβερών προϊόντων και φαρμάκων, που θανάτωναν τη φύση. Της υπεροχής του οικονομικού κέρδους με κάθε τίμημα. Της εγωμανίας του συνόλου σχεδόν των ανθρώπων που ήταν παντελώς ξεκομμένοι από την πραγματικότητα. Την πραγματικότητα της γης, της φύσης, της ζωής, της ευχάριστης συμβίωσης. Ευτυχώς το αντιληφθήκαμε πριν μετατρέψουμε τη γη σε ένα μέρος ασύμφορο να ζούμε.

-Αλήθεια εε; Υπήρξε πρόβλημα στη φύση από τη μόλυνση και τη ρύπανση του πλανήτη; Τραγικό! Θα ήθελα να μου πεις μερικά πράγματα για αυτά.

-Ναι. Ως βοηθός κατά την προσαρμογή σου θα σε ενημερώσω για όλα αυτά. Αυτό το ευχάριστο βίωμα της ζωής και πιο συγκεκριμένα για τον άνθρωπο, γεννήθηκε με γνώση και αρε-

*τή, με κατανόηση της πραγματικότητας και επικοινωνία. Πριν έρθεις σε επαφή με την κοινωνία, νιώθω την υποχρέωση να σου διδάξω μερικά πράγματα.*

*-Και θα πάρει καιρό, διάβασμα, εξετάσεις και τέτοια :);*

*-Όχι δα! Θα ζήσεις εδώ μαζί μου, θα ερχόμαστε εδώ μαζί να παράγουμε την τροφή μας και να κάνουμε όποιες άλλες εργασίες για το σπίτι, τον κήπο. Θα κάνουμε παρέα, βόλτες στη φύση, θα εκστασιαζόμαστε και θα χαιρόμαστε τη ζωή. Παράλληλα, θα έχουμε πολλή τροφή για συζήτηση. Να σου πω κάποια πράγματα για την ιστορία τον καιρό που ήσουν στην κατάψυξη και πώς φτάσαμε σε αυτό που ζούμε τώρα. Ζώντας εδώ μαζί μου, θα γνωρίσεις και θα ενταχθείς στη νέα, για εσένα, κοινωνία. Με λίγα λόγια, αν προσπαθήσεις και είσαι γενικά ανοιχτός και θετικός στα ερεθίσματα και την πραγματικότητα που δέχεσαι, πολύ σύντομα θα ενταχθείς στην κοινωνία.*

*-Ααα ωραία! Εεεεε με συγχωρείς κιόλας… Να φανταστώ πως η μεγάλη περιουσία μου δεν υπάρχει πλέον;*

*-Το να παράγεις την τροφή σου, το να ζεις στη φύση είναι η χαρά της ζωής. Άλλωστε τι κάνεις; Παράγεις και συντηρείς το σώμα σου και του δίνεις ενέργεια να ζει. Επίσης είναι ανθυγιεινό να μην παράγεις εσύ τη ζωή σου και επιπλέον να εξαναγκάζεις τον συνάνθρωπό σου να παράγει και για εσένα.*

*-Ναι, όμως, εγώ μπορεί να ασχολούμαι με κάτι άλλο ή ο μπαξές μου να είναι αυτοματοποιημένος με ρομπότ.*

*-Όλοι χαίρονται και το νιώθουν ως απόλυτα φυσικό να συμμετέχουν στη βασικότερη εργασία, για να διατηρούνται ζωντανοί και υγιείς. Να είναι υπεύθυνοι για το ισοζύγιο της ύπαρξής τους, της ύλης-ενέργειάς τους και να μη διαταράσσουν αυτή την ισορροπία. Θέλουν να υπάρχουν, οπότε να είναι και υπεύθυνοι της ύπαρξής τους. Υπάρχουν, βέβαια, και πιο αυτοματοποιημένοι μπαξέδες από αυτόν εδώ, απλά εμένα είναι και το*

πάθος μου. Εννοείται πως όσοι έχουν λειτουργικά προβλήματα ή κάποιο χρονικό διάστημα τους έτυχε κάτι, τους βοηθάει η κοινωνία. Η αλληλεγγύη των ανθρώπων αποτελεί πλέον ένα σπουδαίο απόκτημα του ανθρώπου και είναι μέρος της συνείδησής του. Γενικά, έχουν αλλάξει κάποια πράγματα που σιγά σιγά θα αντιλαμβάνεσαι και θα λύνονται οι πιθανές απορίες σου. Δικαιολογημένα, πάντως- σύμφωνα με αυτά που ήξερες- δυσανασχετείς. Θα το δεις.

-Να το δω και να μην το πιστέψω. Πολύ καλό βέβαια, αν και θα πρέπει να δουλεύω στον αγρό και χαρούμενος. Μήπως μου κάνετε καμιά φάρσα; Είναι και ο Φερεντίνος εδώ;

-Η χαρά και η υπευθυνότητα ως προς την ύπαρξή σου, χωρίς να γίνεσαι βάρος, δεν θα σου έρθει με το ζόρι, το θέμα είναι αν θέλεις να ζεις υγιής και αυτάρκης σε μια εξίσου υγιή κοινωνία.

-Μάλλον θέλω τον καιρό μου... εεε... και για να σε ρωτήσω επίσης κάτι... εε... με το συμπάθιο κιόλας, γυναίκες, επειδή δεν έχω δει ακόμη, υπάρχουν γυναίκες;

-Ασφαλώς και υπάρχουν στα ίδια ποσοστά 50-50, όπως τα ήξερες.

-Ναι εεε..;

-Τι; Θέλεις να δεις καμιά γυναίκα; Έπηξες με εμάς τους μαντράχαλους;

-Όχι μωρέ, έτσι απλά ρωτάω (λίγο διστακτικά).

-Βασικά με την ευκαιρία να σου κάνω και μια μίνι σεξουαλική διαπαιδαγώγηση όσον αφορά την εποχή μας. Μην αισθάνεσαι άβολα. Το αίσθημα ή καλύτερα η σεξουαλική ορμή είναι πολύ ισχυρή και άρρηκτα συνδεδεμένη με την ύπαρξή μας, το ένστικτό μας. Είναι βασική και πρωτεύουσα σκέψη, κάτι που όλοι γνωρίζουμε και νιώθουμε... Στις μέρες μας το σεξ δεν είναι τόσο παρωχημένο, όσο υπήρξε παλιότερα, για παράδειγμα για εμπορικούς σκοπούς. Αν και εσύ τότε ήσουν στην κατάψυξη...

Ναι, σαφώς είναι μια ευχάριστη πράξη και ασκείται και με τον παλιό πατροπαράδοτο τρόπο.

-Ναι εε; Ωραία...

-Βέβαια, είναι και στον άνθρωπο. Κάποιοι το επιθυμούν περισσότερο από κάποιους άλλους. Γενικά, να ξέρεις το σεξ κυρίως αντιμετωπίζεται ως αυτό που πραγματικά είναι. Δηλαδή ως πράξη φυσικής αναπαραγωγής του ανθρώπου. Δεν είναι ντροπή ούτε ταμπού. Επίσης θεωρούμε βασικό να διατηρούμε τον πληθυσμό μας υπό κάποιον έλεγχο, ώστε να διατηρείται η ευημερία, χωρίς εξάντληση των πόρων της Γης και καταπάτηση των άλλων ζωντανών οργανισμών. Άλλωστε λόγω της μεγάλης ανάπτυξης της ιατρικής ζούμε πολλά χρόνια, αν και τα κουρασμένα από τη φυσική φθορά κορμιά προτιμούν αντί για συνεχόμενες επεμβάσεις και θεραπείες να δίνουν χώρο σε νέα πιο υγιή κορμιά. Το θέμα της αναπαραγωγής αυτονόητα το τηρεί όλη η κοινωνία. Η κοινωνία και γενικά η ανθρωπότητα είναι- κατά κάποιο τρόπο- μια συνολική οικογένεια. Υπάρχουν και ζευγάρια, όπως παλιά. Συνήθως η γυναίκα και ο άντρας από τον οποίο προέρχονται τα γονίδια του παιδιού το μεγαλώνουν, έως ότου γίνει μέλος της συνολικής κοινωνίας.

-Έλα ρε!! Σπουδαίες αλλαγές! Τι να πω... Αν και μαθημένος αλλιώς, έχω καλό προαίσθημα.

-Ναι, είναι το ίδιο ωραίες οι συνθήκες για όλους τους ανθρώπους. Η ανθρωπότητα χαίρει καλής υγείας, για αυτό και οι άνθρωποι στηρίζουν αυτή την κατάσταση, που και αντικειμενικά έχει τη βάση της. Είμαστε ζωντανοί οργανισμοί, αυτό που αναζητούμε πιο ισχυρά- εκ των πραγμάτων- είναι η υγεία!! (Παύση) Έλα πάμε προς το σπίτι να βρούμε και τον 1ο να πούμε καμιά χαλαρή κουβέντα, να γελάσουμε. Ααα να παίξουμε και κανένα παιχνίδι, πλάκα θα έχει. Άλλωστε τον καιρό πριν μας έρθεις είχα εντατικοποιήσει τις δουλειές, ώστε να έχω χρόνο για εσένα.

-Αααα ευχαριστώ πολύ! Τιμή μου!!!
-Χαχα! Φύγαμε!!

Ο 1ος αραχτός στη βεράντα διαβάζει ένα λογοτεχνικό βιβλίο.

1ος
-Καλώς τους! Βολτίτσα, βολτίτσα;

2ος
-Στον μπαξέ ήμασταν πέρα. Του έδειξα πώς κλαδεύουν. Τον κόβω πρώτο γεωργό σε λίγο καιρό.

Ντίνος
-Ότι θα το έκανα κι αυτό ούτε που το είχα φανταστεί, αν και δεν είναι και άσχημα.

Ανεβαίνουν στη βεράντα και κάθονται μαζί του.

Ντίνος στον 1ο
-Τι; Διαβάζετε και βιβλία; Δεν τα εμφυτεύετε όλα στον εγκέφαλο σας με αυτούς τους υπερ- νανο-υπολογιστές;

1ος
-Σαφώς και διαβάζουμε. Οι νανο-υπολογιστές σού παρέχουν πρόσβαση σε όλες τις πληροφορίες και γνώσεις που έχεις ανάγκη, όπως τη θεωρία για το κλάδεμα, καθώς επίσης και σε κάθε λογής έργο πρακτικό ή αρτίστικο. Αυτές μπορείς να τις χρησιμοποιείς όποτε το θελήσεις, τις οποίες μάλιστα τις μεταφέρεις και στο ζωτικό μέρος του εγκεφάλου σου μέσω

της πράξης και της εμπειρίας. Μπορείς, επίσης, να τις εμφυτεύσεις στον εγκέφαλο κατευθείαν ως αυτούσιες γνώσεις. Και σαφώς όλοι μας συμμετέχουμε στη δημιουργία των γνώσεων και είναι κοινός τόπος να συμμετέχουμε όλοι σε αυτήν τη διαδικασία.

Ντίνος
-Δηλαδή υπάρχει γνώση ελεύθερη και προσβάσιμη για όλο τον κόσμο και συμμετέχει όλος ο κόσμος;
-Ναι. Ιστορικά είναι γνωστή με την ονομασία open source.
-Υπάρχουν, ωστόσο, και βιβλία;
-Ναι, το βιβλίο είναι το πεπερασμένο αντικείμενο που μπορεί, επίσης, να σου προσφέρει γνώση και είναι πιο κοντά σε αυτό που έχει μάθει ο άνθρωπος τόσα χρόνια, στη φύση του, για αυτό είναι ακόμη πιο αρεστό σε αυτόν. Δηλαδή μπορείς να κάθεσαι ακίνητος με κλειστά μάτια και να ανατρέχεις στις πληροφορίες της μνήμης του υπερ- υπολογιστή που έχουμε φτιάξει, όπως να διαβάσεις ένα εικονικό βιβλίο. Εγώ βολεύομαι και αρέσκομαι περισσότερο να διαβάζω και να εμβαθύνω παρέα με το χειροπιαστό, πεπερασμένο, γνωστό, παλιό βιβλίο. Επίσης παράγω και βιβλία!
-Ααα... Σίγουρα πάντως και εγώ τον πρώτο, τουλάχιστον, καιρό έτσι θα διαβάζω. Και τι διαβάζεις;
-Λογοτεχνία και ποίηση κυρίως, μου αρέσει πολύ.
-Ωραίαααα... Αθλοπαιδιές, καλές τέχνες δεν μου δείξατε! Παίζει;

27

2ος
-Σαφώς και παίζει. Θέλεις να δούμε σήμερα;

Ντίνος
-Ναι, θα το 'θελα πολύ.

2ος
-Ωραία! Ό,τι θέλει ο μεγάλος μας ο Ντίνος, σήμερα έχουμε προ-
βολή!!!

Είδαν θρυλικούς αγώνες του Ντίνου Φούσκα.

1ος
-Καλά, αυτό το σουτ-αφού...Άλλο πράμα!!

Είδαν επίσης ντοκιμαντέρ τέχνης και άλλα πολλά. Γέλασαν,
πορώθηκαν, αφοσιώθηκαν, σκέφτηκαν, συζήτησαν, ξαναγέ-
λασαν. Έγιναν μια παρέα.

Την επόμενη μέρα στο πρωινό ξύπνημα του 2ου, ο Ντίνος
αγουροξυπνημένος του φωνάζει από το δωμάτιο:
-Μεγάλε, περίμενέ με, σε παρακαλώ, σε 3 λεπτά θα είμαι πανέ-
τοιμος και σου 'ρχομαι!

2ος
-Οκ! Ετοιμάζω πρωινό, μην άγχεσαι, πάρε τον χρόνο σου.
Ο Ντίνος εμφανίζεται στην κουζίνα αγουροξυπνημένος
αλλά με πολλή ενέργεια και διάθεση.

2ος
-Χαχα! Ορεξάτος, μεγάλε μου!!

Ντίνος

-Ναι!! Θέλω να ζήσω, ωραίος ο ύπνος αλλά κοιμόμουν τόσα χρόνια, για να μπορέσω να ξαναζήσω. Άλλωστε θέλω να συμμετάσχω στην παραγωγή της τροφής μου!!!

2ος

-Ώπα!! Με εκπλήσσεις πολύ ευχάριστα! Δεν στο κρύβω πως σήμερα το απόγευμα λέω να πάμε βόλτα στην κοινότητα, να γνωρίσεις κι άλλους ανθρώπους!!!

-Αλήθεια!! Πολύ ωραία, λοιπόν! Περίφημα! Σήμερα έχει βόλτα! Για να δούμε, τι θα δούμε... Είμαι πολύ περίεργος.

-Για να σε ρωτήσω, με την τουαλέτα όλα Οκ; Βλεπώ ότι τα πας καλύτερα εε;

-Ναι, όντως, πολύ καλύτερα. Αλλά τι; Με βλέπεις, όταν αφήνω;

-Όχι όταν αφήνεις, άλλα τι αφήνεις, διότι πραγματοποιώ ολική διαχείριση ύλης. Οπότε επιστρέφω τα απόβλητα αυτών που τρώμε στον μπαξέ να ξαναφορτιστούν, να τα ξαναφάμε.

-Χαχα! Σαν μπαταρίες ένα πράμα! Πάντως τον πρώτο καιρό που ήμουν δυσκοίλιος, άμα έκανες καταγραφή αστείας γκριμάτσας, θα μάζευες καλό υλικό.

-Ναι, αν και το χέσιμο είναι ιερή στιγμή, τη σέβομαι.

Κάθονται για πρωινό, ψωμί με μέλι και χυμό πορτοκάλι.

Ντίνος
-Θεωρείς πως είμαι έτοιμος να αλληλεπιδράσω με την κοινωνία;

2ος
-Δεν είμαι σίγουρος, θα το διαπιστώσουμε σήμερα. Το καλό είναι ότι οι άνθρωποι γενικά είναι ευγενικοί και ανοιχτόμυαλοι, οπότε δεν θεωρώ πως θα συναντήσεις κάποια δυσκολία.
-Ξέρεις, δεν θέλω να τους προσβάλλω εν αγνοία μου ή να φανώ τελείως ξένος ή τελείως άσχετος με αυτούς.
-Μπα, δεν θα προσβληθούν, το πολύ πολύ να παραξενευτούν και να τους φανεί και αστείο. Το πρόβλημα είναι εσύ να μην αισθανθείς άσχημα... Αλλά εφόσον αγαπάς τη ζωή και θέλεις να ζήσεις, δεν σε φοβάμαι. Θα προσπαθήσεις και θα τα καταφέρεις χωρίς να χρειάζεται να φας και πολλή θεωρία από εμένα και να είσαι σίγουρος ότι ψοφάω για θεωρία. Άλλωστε οι μέχρι τώρα αντιδράσεις σου είναι πολύ θετικές και ενθαρρυντικές.
    Ο Ντίνος τον ακούει τρώγοντας και χαμογελώντας παραμιλάει
-Τι ωραία!!!
-Τι; Η θεωρία, το μέλι, οι αντιδράσεις σου ή που θα πάμε στην κοινότητα;
-Έτσι που σας βρήκα, τι ωραία!!!
-Χαχαχαχα!! Πάντως και σήμερα στον μπαξέ θα ανεχτείς να σου αναφέρω μερικά πράγματα για την ιστορία και την τωρινή κοινωνία.
-Ευχαρίστησίς μου, άλλωστε θέλω να μάθω.
-Ωραία. Άντε πολλά είπα για πρωινό, τρώμε και φύγαμε.
Στη διαδρομή σφυρίζουν τραγουδάκια και ψιλοχορεύουν.
Έφτασαν στον μπαξέ.

Ντίνος
-Τι δουλειά έχει σήμερα;

2ος
-Λίγο σκάλισμα το χώμα, να δώσουμε οξυγόνο στις ρίζες, γιατί και αυτές αναπνέουν. Πότισμα όποιο φυτό θέλει νεράκι και θα μαζέψουμε κάποιες ντοματούλες και αγγουράκια, κάποιες από τις οποίες θα τις κάνουμε σάλτσα και κάποιες άλλες τουρσί, να έχουμε να τρώμε όλο τον χρόνο.
-Ωραία!
-Πιάσε το σκαλιστήρι να σου δείξω!

Κατά την εργασία είναι έκδηλος ο κόπος, ο ιδρώτας, όπως και η εκγύμναση, η υγεία του σώματος, όπως και το «εργασία και χαρά»!!

Ώρα για διάλειμμα.


2ος
-Εεεεππ βλέπω πηρές φορά, μεγάλε μου!


Ντίνος
-Γουστάρω!
-Έλα σταμάτα να κάνουμε διαλειμματάκι, το σώμα μας θέλει ξε-κούραση, δεν το ζορίζουμε, το σεβόμαστε.
-Καλά σε 'μαθα! Λίγες πράξεις, πολλή θεωρία. (Τον κοιτά ο 2ος με ένα ξαφνιασμένο αστείο μορφασμό). Χαχα αστειάκι.
-Α ρε Ντίνο, με τα αστεία σου!
-Εεε, το 'χω, το 'χω.


Αράζουν σε ξύλινες κουνιστές αναπαυτικές καρέκλες.


Ντίνος
-Ωραίες καρεκλίτσες, μεγάλε μου!!


2ος
-Σου αρέσουν; Εγώ τις έφτιαξα!

Ντίνος
-Μπράβο ο δικός μου και μαστορο-καλλιτέχνης!

Κάθεται ο Ντίνος, αλλάζει στάσεις, χτυπάει τα μπράτσα, γενικά δοκιμάζει την καρέκλα και ξαναλέει:
-Μπράβο! Πολύ ωραία καρέκλα!

2ος
-Ααα σου άρεσαν βλέπω πολύ! Θα σε βοηθήσω να δοκιμάσεις να φτιάξεις και εσύ.
-Αααα ευχαριστώ κύριε Μιγιάγκι!
-Παρακαλώ Ντάνιελ-σαν!

Γελάνε και οι δύο.

Ντίνος
-Και τι λέγαμε πριν την καρέκλα, αυτή την πολύ ωραία καρέκλα (και συνεχίζει να τρίβεται πάνω της);

2ος
-Άντε, για να μη σου λέω εγώ από μόνος μου, εσύ δεν έχεις κάποιες απορίες που θέλεις να λύσεις;

Ντίνος
-Αρκετές... Ας πούμε, για τις θρησκείες. Υπάρχουν θρησκείες;
-Ναι, υπάρχουν. Απλά γενικώς τώρα δεν ξεχωρίζουμε τον άνθρωπο από την υπόλοιπη ζωή, ούτε αρνούμαστε τη ζωή ώστε να ελπίζουμε σε μια αόριστη αποδεκτή ζωή μετά τη ζωή, όπως υποστηρίζουν πολλές θρησκείες. Κατόπιν υπήρξαν και νέες, πιο μοντέρνες, κάτι σαν θρησκείες

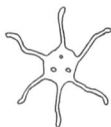

που απομάκρυναν τον άνθρωπο από την πραγματικότητα. Με εξωγήινους, συνομωσίες, μυστικά και απόκρυφες δυνάμεις, τόσο απόκρυφες που ούτε οι ίδιοι ήξεραν τι έλεγαν. Πλέον, ευτυχώς, οι άνθρωποι είναι μεταξύ τους αγαπημένοι και ζουν αλληλέγγυα, γιατί πολύ απλά γνωρίζουν ότι είναι ένα κομμάτι αυτής της πεπερασμένης γης, που δέχεται ενέργεια από τον ήλιο. Ναι, εντάξει…. Μέσα σε όλο αυτό το υποθετικά άπειρο σύμπαν, στο όποιο μπορεί ο καθένας να πει ό,τι θέλει. Ο άνθρωπος στηρίζεται σε αυτά που πραγματικά γνωρίζει μέσα από την παρατήρηση, την επιστήμη και ναι, σαφώς, και τη φιλοσοφία. Ενδιαφέρεται για αυτά που τον επηρεάζουν εκ των πραγμάτων. Μέσω της πραγματικότητας αντιλήφθηκε ότι μπορεί να ζήσει αγαπημένος, χαρούμενος χωρίς τη στεναχώρια που προκαλούν οι διχόνοιες, οι κόντρες, η εγωμανία, η τάση να δείχνει ισχυρότερος. Άλλωστε μιλάμε για μια πεπερασμένη γη, που πλέον γνωρίζουμε σε ικανοποιητικό βαθμό. Γνωρίζουμε, δεν φοβόμαστε. Η γνώση μας βοήθησε να εξηγήσουμε κάποια πράγματα και αναβαθμίσαμε την κοσμοθεωρία μας και σαφώς θα συνεχίσουμε να ανακαλύπτουμε, να αναθεωρούμε και να την αναβαθμίζουμε όσο περισσότερο γνωρίζουμε το σύμπαν. Άλλωστε δεν πρέπει να ξεχνάμε πως η ανθρώπινη ιστορία υπάρχει μόνο λίγες χιλιάδες χρόνια μπρος τα δισεκατομμύρια χρόνια που υπάρχει η ζωή και τα υποθετικά άπειρα χρόνια που υπάρχει το σύμπαν.

-Δυσκολεύομαι να το αντιληφθώ.

-Σίγουρα η επιθυμία για πίστη σε κάτι ανώτερο υπάρχει στους νευρώνες του εγκεφάλου σου και κατέχει φαρδιά δίοδο σε αυτόν, γιατί έχει να κάνει με τα υπαρξιακά σου προβλήματα και με το φόβο του θανάτου. Και είναι κάτι πολύ φυσιολογικό. Όμως όταν συνδέεις οτιδήποτε πραγματικό όπως την αγάπη, την αλληλεγγύη με κάτι μη χειροπιαστό, θεϊκό, ουράνιο απομακρύνεσαι από τη φυσική και συνειδητοποιημένη πραγμάτωση του.

Επίσης, δίνοντας στον άνθρωπο θεϊκές διαστάσεις τον ξεχωρίζεις από τη ζωή και τον απομακρύνεις από τη ζωή, τη φύση. Παράλληλα αόριστες έννοιες, όπως η ψυχή, σε απομακρύνουν από την κατανόηση της λειτουργίας του πραγματικού εγκεφάλου του και της συμπεριφοράς του. Γνωρίζοντας τη φύση σου μπορείς και να την καλλιεργήσεις. Η μεγάλη ιδέα για την ύπαρξή σου χωρίς βάσεις σε αφήνει ρευστό, ξεκομμένο και αδύναμο. Άλλωστε δεν είμαστε καν τέλειοι. Απλά άνθρωποι.

-Εσύ είσαι άθεος;

-Όχι. Σαφώς δεν υπάρχει λόγος να απορρίπτω την πιθανή ύπαρξη κάτι ανώτερου, του Θεού, απλά δεν το γνωρίζω και ασχολούμαι με τα εγκόσμια, που στην τελική, είναι και κομμάτι του, λέω εγώ… Δηλαδή κατά κάποιον τρόπο δοξάζω την ζωή, την ύπαρξη και αγωνίζομαι για την υγεία, την χαρά, την αρτιότητα του εκ των πραγμάτων κομματιού του και επωφελούμαι. Οπότε θα μπορούσες και να το ερμηνεύσεις πως δοξάζω τον Θεό. Για το θέμα Θεός πολλά μπορώ να υποθέσω, αλλά δεν βασίζομαι σε υποθέσεις αλλά στην πραγματικότητα. Σε αυτά που πραγματικά ανακαλύπτουμε και άλλωστε η επιστήμη συνεχίζει το έργο της εξερεύνησης… Γενικά πάντως, σαφώς σεβόμαστε τις θρησκείες και τις παραδόσεις που προέρχονται από αυτές και μάλιστα τις αναβιώνουμε και διατηρούμε σε πολύ καλή κατάσταση τους θρησκευτικούς ναούς που άλλωστε είναι από τα πιο όμορφα κτίσματα που κληρονομήσαμε. Εντέλει, νιώσε απόλυτα ελεύθερος να συνεχίσεις να πιστεύεις στην θρησκεία που κληρονόμησες. Άλλωστε το πολύ θετικό με τις θρησκείες είναι πως μιλούν για αγάπη προς το πλησίον και πνευματικότητα. Η ζωή σήμερα είναι αρκετά κοντά στις θρησκευτικές δοξασίες όσον αφορά την αγάπη, την συμπόνια και την αλληλοκατανόηση.

(κάθονται για λίγο σιωπηλοί)

Ντίνος

-Κάτι άλλο;

-Ακούω, ρώτησέ με;

   Με λίγο έντονο ύφος ο Ντίνος λες και ανακάλυψε κάτι:

-Λεφτά!! Δεν υπάρχουν λεφτά;

-Χαχα, όχι! Πλέον δεν υπάρχουν, γιατί δεν τα χρειαζόμαστε. Δεν χρειάζεται να αποδείξεις τη θέληση για ζωή, είναι αυτονόητο.

-Δηλαδή;

-Όλοι είναι αυτάρκεις προς τα βασικά αγαθά που χρειάζονται, για να ζήσουν. Αυτό πάνω κάτω πρέπει να το αντιλήφθηκες.

-Ναι, παράγω τον εαυτό μου, εργασία και χαρά!

-Α μπράβο!! Αν θέλεις κάτι που δεν έχεις, γιατί προφανώς δεν είναι δυνατόν να τα παράγεις όλα, θα στο δώσει η κοινωνία σου, ο γείτονας σου, ο φίλος σου, ο οποιοσδήποτε. Δεν υπάρχει εκμετάλλευση, γιατί κανείς δεν είναι δυνατόν να θέλει να εκμεταλλευτεί κάποιον. Το μέλι που τρώμε το παίρνω από ένα φίλο μελισσοκόμο, τον οποίο μάλιστα βοηθάω και αυτός παίρνει σαλτσούλα από εμένα. Υπάρχει αλληλεξάρτηση και επικοινωνία και προσαρμοζόμαστε ανάλογα με τις ανάγκες μας. Οπότε, ξέρεις, δεν έχουμε ανάγκη το χρήμα, ως μεσάζοντα. Δεν το δαιμονοποιήσαμε όπως, σαφώς, δεν δαιμονοποιήσαμε το οτιδήποτε, γιατί ξεπεράσαμε τους δαίμονες, τον φοβερό σκοτάδι της άγνοιας. Απλά πώς να στο πω; Δεν έχουμε ανάγκη το χρήμα, δεν το χρειαζόμαστε. Άλλωστε η γη είναι ιδιαίτερα πλούσια, μας τρέφει όλους.

-Η τεχνολογία; Όλη αυτή την τεχνολογία για παράδειγμα με τους υπέρ-υπολογιστές ποιος την παράγει; Αυτοί δεν πληρώνονται;

-Οι άνθρωποι που δεν παράγουν εδώδιμα προϊόντα, αλλά παράγουν μηχανές ή προσφέρουν υπηρεσίες όπως οι γιατροί, τρέφονται επίσης το ίδιο καλά. Άλλωστε μην ξεχνάς ότι γενικά είμαστε λιτοί. Υπάρχουν άνθρωποι που ασχολούνται αποκλειστικά με την τεχνολογία, έχουν πάθος με αυτό το αντικείμενο. Αυτοί ζουν, κυρίως, σε πιο πυκνοκατοικημένες περιοχές και να είσαι σίγουρος δεν πρόκειται να μείνουν πεινασμένοι. Το πάθος για την επιστήμη είναι ένα ζωήρο ενδιαφέρον εξερεύνησης και συνεισφοράς.

-Και χωρίς οικονομικό κίνητρο; Μωρέ μπράβο! ... Ιδιοκτησία υπάρχει;

-Όχι, δεν υπάρχει ο φόβος της κλεψιάς, ούτε συσσώρευση αγαθών και χλιδή. Χαχα! Χλιδή... Καιρό είχα να το πω. Αυτή η λέξη πλέον είναι ψιλοάγνωστη. Χλιδή. Τώρα το λέω και γελάω, κάποτε όμως στην προσπάθεια του ο άνθρωπος να αποκτή-σει χλιδή και άφθονα υλικά αγαθά και πλούτη κατέστρεφε τα πάντα. Αυτή η τάση να δείχνει ότι υπερέχει από τους άλλους. Ιι καταστρεπτική ματαιότητα! Τέλος πάντων, τι λες πάμε να συ-νεχίσουμε τις εργασίες μας και τα λέμε και μετά; Άλλωστε σε βλέπω πως προβληματίστηκες αρκετά. Πάρε το χρόνο σου να τα σκεφτείς.

-Ναι... Μια ακόμη ερώτηση. Κυβέρνηση, κράτη, λαοί, σύνορα υπάρχουν;

-Μία τη λες εσύ αυτή;

-Ναι, μία με 4 σκέλη! Όπως ο άνθρωπος, ένα πράμα. Ο βάτρα-χος, ο πελεκάνος, η σαύρα... η καρέκλα...

-Ντάξει... Εεε, ας το πιάσω από την αρχή. Από τις ρίζες... Η τάση για ομαδοποίηση και οργάνωση των ζωικών μονάδων σε αγέλες είχε ως σκο-πό να πραγματοποιούνται καλύτερα οι διάφορες εργασίες που καθόριζαν την επιβίωσή τους. Να είναι πιο ισχυ-ρές και πιο ανταγωνιστικές. Αυτές οι αγέλες συνήθως αποτελούνταν από ζώα του κοντινού συγγενικού κύκλου και

άλλα γειτονικά. Η τοποθεσία και το συνολικό περιβάλλον της, όπως και ότι τα ζώα της ίδιας τοποθεσίας αλληλεπιδρούν περισσότερο αναμεταξύ τους, συντελεί στην διαμόρφωση και διαφοροποίηση των σωματικών τους χαρακτηριστικών και της κουλτούρας τους. Παρόλα αυτά στην πεπερασμένη επιφάνεια της γης, οι κλιματικές συνθήκες και το συνολικό περιβάλλον είναι πάνω-κάτω παρόμοιο. Επίσης, όσον αφορά το ανθρώπινο είδος αυτό που το ξεχωρίζει κυρίως από τα υπόλοιπα ζωικά είδη είναι το ότι ανέπτυξε περαιτέρω τον εγκέφαλό του και συνεχίζει να τον αναπτύσσει. Ο εγκέφαλος είναι δυναμικό όργανο και μπορεί να δημιουργεί και να αναπλάθεται σε πραγματικό χρόνο και αναπτύσσετε παρέα με την ανάπτυξη της επικοινωνίας και της γνώσης. Η επικοινωνία, η γνώση και η καλλιέργεια έφεραν όλο το ανθρώπινο είδος πιο κοντά. Μια γροθιά. Δεν αναλώνετε σε μεταξύ του γροθιές. Άλλωστε το εγκεφαλικό ανθρώπινο είδος, ως εγκεφαλικό, το χαρακτηρίζει κυρίως η συμπεριφορά και η κουλτούρα του και όχι το μέρος που γεννήθηκε, αν και αυτό παίζει το ρόλο του. Δηλαδή μπορεί δύο άνθρωποι από τις δύο άκρες της γης να έχουν πολλά περισσότερα κοινά στην συμπεριφορά τους, παρά δύο του ίδιου τόπου, μπορεί και της ίδιας οικογένειας. Θα το έβλεπες άλλωστε και στα χρόνια σου. Εντέλει, τώρα σύνορα δεν υπάρχουν. Ίσως γιατί δεν υπάρχει και ιδιοκτησία. Δεν υπάρχουν κλειστές φυλές και χώρες. Και σαφώς ούτε πόλεμοι και λοιπά χαζά. Όλοι πλέον ανήκουν στη συνολική δυνατή αλληλέγγυα οικογένεια, όπως σου έχω ξαναπεί. Άλλωστε η γονιδιακή ανάμιξη συμβάλλει στην εξέλιξη και στην αντιμετώπιση ασθενειών. Και μη ξεχνάς και το παλιό σοφό ρητό «Διαίρει και βασίλευε».
-Και δεν υπάρχει πλέον πολυπολιτισμικότητα; Όλοι μιλούν την ίδια γλώσσα;

37

-Όχι, αντιθέτως υπάρχει μεγάλος πλούτος πολιτισμού, άρα και επικοινωνίας. Απλά σου μιλάω την γλώσσα που γνωρίζεις. Ο πολιτισμός, ως πολιτισμός άλλωστε, σαφώς δεν οριοθετείται σε σύνορα ή ράτσες, απλά κάποια πολιτιστικά στοιχεία μπορεί να είναι συνδεδεμένα με κάποιους τόπους για διάφορους λόγους, ας πούμε οι χοροί της Χονολουλούς προέρχονται και ταιριάζουν με τη Χονολουλού, αλλά αν τους γουστάρεις μπορείς να τους χορέψεις οπουδήποτε. Και είναι ωραίοι. Ααα ο πρώτος ξέρει να χορεύει και χουκαράτσα.

-Έλα ρε να μου τον μάθει!! Χαχαχα… (Παύση) Να φανταστώ πως συμβαίνει το ίδιο και με τις γλώσσες;

-Ναι, τις γλώσσες από ζεστές χώρες τις μιλάς με ανοιχτό στόμα και έχουν πολλά φωνήεντα σε αντίθεση με τις γλώσσες των περιοχών που έχουν κρύο και μιλούν με κλειστό στόμα και έχουν πολλά σύμφωνα. Αν και- εντέλει- όλοι αυτοί οι λαοί, οι άνθρωποι, γενικά, λένε παντού τα ίδια πράγματα.

-Ακριβώς!

-Ας περάσουμε τώρα στα κράτη και τις κυβερνήσεις.

-Ναι, ναι!

-Κατά κάποιο τρόπο, κράτος και κυβέρνηση είμαστε όλοι.

-Δηλαδή;

-Στα μεγάλα και λίγο απρόσωπα κράτη όπου υπήρξες πολίτης, ο κρατικός μηχανισμός είχε ως σκοπό την οργάνωση της κοινωνίας. Προς τιμή τους, τα περισσότερο αναπτυγμένα κράτη, ήταν βασισμένα σε δημοκρατικά ιδεώδη με έμφαση στην δικαιοσύνη, αν και είχαν εμφανή φεουδαρχικά και αριστοκρατικά κατάλοιπα. Όμως, η αντικατάσταση της συμμετοχής των ανθρώπων από τα κοινά της κοινωνίας που είναι μέλη και η υπερίσχυση του οικονομικού κέρδους πάνω από τη ανθρωπιά και την υγεία, συντέλεσε σε κάποιο βαθμό στην αποδιοργάνωση και στον εκφυλισμό της κοινωνίας και στην απομόνωση των

πολιτών της. Υπό αυτές τις συνθήκες οι πιο άπληστοι εκμεταλλεύονταν τους υπόλοιπους. Μάλιστα τους βόλευε ο λαός να μην είναι καλλιεργημένος και ενάρετος, γιατί σαφώς ούτε αυτοί ήταν, αλλά ο αδύνατος υπηρέτης τους που τους λατρεύει. Αυτή η λατρεία της απληστίας χωρίς γνώση της πραγματικότητας και η έλλειψη καλλιέργειας παρέα με την άπληστη αναζήτηση κέρδους συντηρούσε τον φαύλο κύκλο αυτής της κατάστασης. Βέβαια, αυτή η κατάσταση γυρνούσε και μπούμερανγκ, διότι ο ακαλλιέργητος λαός που είχε πρότυπα άπληστους χλιδάτους τύπους που τον εξουσίαζαν, δεν πίστευε στην δικαιοσύνη, ούτε ήθελε να παράγει, αλλά να υπερκαταναλώνει και τελικά να προσπαθεί να παρασιτεί και με την πρώτη ευκαιρία να πάρει και το κεφάλι του- και καλά- ισχυρού αφεντικού και να γίνει μάλιστα χειρότερος από αυτούς, για να υπερισχύσει. Μια διαρκής μάχη όχι πλέον επιβίωσης αλλά ματαιοδοξίας. Όλα αυτά αποτυπώνονταν και στο κρατικό μηχανισμό και γενικά, άστα βράστα... Μπήκαν μετά στη μέση και οι παγκόσμιες οικονομικές συγκυρίες, κρίσεις κ.λπ. και πάλι ξέφυγα!! Τι να πεις!
-Σα να με μπέρδεψες λίγο...
-Όντως ξέφυγα...
-Πώς πράττετε μεγάλα έργα κοινής ωφέλειας;
-Όλοι έχουμε πρόσωπο στην κοινωνία, όλοι υπάρχουμε. Κανείς δεν φοβάται ούτε ντρέπεται για την ύπαρξή του, ώστε να αναζητά μεγάλες απρόσωπες κοινωνίες. Από μικρή ηλικία μεγαλώνουμε και προσαρμοζόμαστε στην κοινωνία συμμετέχοντας στα κοινά και στην υγιή λειτουργία της. Είναι μεγάλης σημασίας και τιμή να συμμετέχεις στα κοινά. Να αποτελείς δυνατό κρίκο σε αυτή την όλο χαρά και υγεία αλυσίδα. Η συντήρηση και η δημιουργία των υποδομών της κοινωνίας πραγματοποιείται από τη συμμετοχή όλων μας. Αν προκύψει  κάτι, εννοείται πως θα ασχοληθούμε με αυτό. Είναι η ζωή μας, για αυτό θεωρείται αυ-

τονόητο. Έχεις να σκάψεις μεγάλε μου!! Χαχαχα!!! Και μιας που αναφέρθηκα στην προϊστορία του ανθρώπινου είδους θέλω να σου ξανά επισημάνω κάτι που αφορά κυρίως το παρελθόν και σχετίζετε με την προπαγάνδα και την χειραγώγηση του ανθρώπου. Ο άνθρωπος ξεχώρισε από του πιθήκους επειδή ανέπτυξε το εγκέφαλο του, την ικανότητα να σκέφτεται περισσότερο, να συμπεραίνει, να λύνει προβληματισμούς. Ο πολύ κοντινός στο άνθρωπο πίθηκος κυρίως μιμείται και σκέφτεται λιγότερο, απλά ως είδος μπορούσε να επιβιώσει και έτσι υπάρχει ακόμη και δεν την περνάει και άσχημα! Ο άνθρωπος παρ όλη την διαφοροποίηση εξακολουθεί να πιθηκίζει σε μεγάλο βαθμό. Δηλαδή κάνει ότι κάνει η μάζα ή ότι του επιτάσσει το κοινωνικό γίγνεσθαι χωρίς να σκέφτεται και να κρίνει. Ο εγκέφαλος είναι δυναμικό εργαλείο αλλά όχι απόλυτα δυναμικό. Η καλλιέργεια του εγκέφαλου, η γνώση της πραγματικότητας, η διερεύνηση των επιστημών τον κάνει πιο δυναμικό και δυνατό καθοριστή της ζωής του. Διαφορετικά μπορεί εύκολα να είναι θύμα προπαγάνδας, σκοπιμοτήτων, οπαδός ή πιστός αναίτια. Τίποτε άλλο;
-Τι άλλο; Οκ, αρκετά για την ώρα. Μπορούμε να συνεχίσουμε την εργασία.

Κάμποση ώρα εργασίας.

2ος
-Τι λέει μεγάλε μου; Σε βλέπω παθιάστηκες εδώ, και πολύ καλή δουλειά! Μπράβο! Γεια στις χερούκλες σου!

Ντίνος
-Ναι, ναι (και ανάσα ξεκούρασης).
-Χαίρομαι που σου αρέσει η εργασία, φοβόμασταν πως θα έχεις αντιρρήσεις.

-Μην ξεχνάς στο ΝΒΑ έπαιζα. Βέβαια, δεν στο κρύβω πως το όλο κλίμα και αυτά που μου έχεις πει με έχουν συνεπάρει και θέλω να ζήσω έτσι ωραία και αρμονικά, θέλω να προσπαθήσω για αυτό, και στην τελική, έχεις δίκιο, υπάρχω-καταναλώνω και δεν θέλω να επιβαρύνω κανέναν! Πλήρης υγεία...! Υγεία.

-Μπράβο! Χαίρομαι πάρα πολύ για αυτό που ακούω. Απλά καλό είναι να μη ζορίζεις ιδιαίτερα το σώμα σου, αν και σιγά σιγά θα βρεις την ισορροπία του ισοζυγίου σου, οπότε θα κανονίζεις το χρόνο και την ένταση της εργασίας σου.

-Πολύ ωραία, γουστάρω!!!

-Πείνασες;

-Ναι, σαν να άρχισε να γουργουρίζει η κοιλίτσα μου.

-Φύγαμε για σπίτι!!

-Φύγαμε!!

Έφτασαν σπίτι. Φαΐ και ένα ποτηράκι τσίπουρο.

2ος
-Θα ρίξουμε και έναν μεσημεριανό υπνάκο;

Ντίνος
-Θα τον έριχνα πολύ ευχαρίστως.

2ος
-Οκ, κάνα εναμισάωρο χαλαρά εεε;

-Ναι, αμέ! Μη βαρύνουμε κιόλας!

Ξυπνάει πρώτα ο 2ος. Ετοιμάζεται και αράζει στη βεράντα. Δέκα λεπτά μετά ξυπνάει και ο Ντίνος.

41

2ος
-Καλώς τον!


Ντίνος
-Αχ, τον ευχαριστήθηκα τον υπνάκο και με το τσιπουράκι έπεσα σαν πουλάκι. Εσύ, τι λέει; Ετοιμάστηκες κιόλας;
-Ναι. Ααα και δεν ξέρω αν το κατάλαβες ότι δεν ντυνόμαστε όπως τότε στα χρόνια σου. Τα ενδύματά μας είναι συνήθως απλά, λειτουργικά.
-Ναι, το παρατήρησα από την αρχή, αν και φαινόσασταν ντυμένοι σαν γιατροί ή τίποτα αρχαίοι.
-Δεν έχεις παράπονο πάντως βάλαμε τα χρωματιστά μας ρούχα, έτσι με ωραίους συνδυασμούς.
-Ναι, και ήσασταν σαν τρελογιατροί!!!
-Έλα ρε!! Είχαμε πλάκα εε; Χαχαχα. Μη νομίζεις, όμως, υπάρχουν και άνθρωποι που φορούν ενδύματα με αρτίστικες πινελιές, για αισθητικούς λόγους. Θα ήθελα να στο εξηγήσω, γιατί με συναρπάζει η αισθητική της οπτικής εικόνας, αλλά δεν έχω ασχοληθεί ιδιαίτερα με το θέμα.
-Θα ασχοληθώ εγώ με αυτό!! Θα ήθελα πολύ να ξανασχοληθώ με τις καλές τέχνες. Αλλά δεν είναι της ώρας...  Πάω να ετοιμαστώ και έρχομαι.


Σε 3 λεπτά έτοιμος, άλλωστε τι να βάλει όλα μια κοψιά είναι, ανάλογα με το σωματότυπο αυτού που τα φοράει και το είδος του υλικού. Επειδή είναι κυρίως βαμβακερά είναι και λευκά. Ανθρωπόπροβατα ένα πράμα. Διαφέρουν στο είδος ανάλογα την εποχή. Δηλαδή χειμωνιάτικα ή καλοκαιρινά.


2ος
-Έτοιμος ο κύριος;

Ντίνος
-Έτοιμος! Καλά αν ήμασταν στην εποχή μου θα νόμιζαν πως ξεφύγαμε από κανένα ίδρυμα.

2ος
-Πλάκα θα είχαμε.
-Ενημερωτικά, τα παπουτσάκια με τις διπλές αερόσολες που 'χαν βγει για μένα, τα Φούσκωσέ το, παίζει να υπάρχουν που-θενά;
-Θα σε γελάσω.
-Κρίμα, χάνεις. Τα φοράς και πετάς. Και φινέτσα λέμε, άλλο πράμα!

Καθώς πηγαίνουν να πάρουν τα δίτροχα

2ος
-Ξέρεις να οδηγείς δίτροχο;

Ντίνος
-Έχω οδηγήσει και όπως λένε το σεξ και το ποδήλατο δεν ξε-χνιούνται :)!!

Γελώντας ο 2ος
-Θεωρητικά τουλάχιστον, για να δούμε και στην πράξη!! Το 2ο εεε;;
-Χαχαχαχα! Τοίχο, τοίχο μη σε πετύχω!!!
   (Ξαναγελάει ο 2ος και τον κοιτά με ύφος και καλά «μεγάλε μου, πρόσεχε μη στραβοψωλιάσεις»)

Ντίνος
-Εεε και τι καίνε;

2ος

-Κυρίως υδατάνθρακες και νερό!

-Υδατάνθρακες και νερό; Ξεκόλλα!

-Ναι, το ψωμάκι και το μελάκι που φάγαμε, γιατί κυρίως τα χρησιμοποιούμε ως ποδήλατα οπότε η μηχανή είσαι εσύ ο ίδιος!

-Χαχαχα, με δουλεύεις λιγάκι! Αφού βλέπω πως έχουν και μηχανή!

-Οκ. Ναι, παράλληλα έχουν τη δυνατότητα να συσσωρεύουν και ηλιακή ενέργεια που δίνει την απαραίτητη ενέργεια στη μηχανή. Και έχουν πολύ καλή απόδοση και σε συννεφιά. Επίσης, φορτίζει και όταν κάνεις πετάλι. Απλά, κυρίως τα χρησιμοποιούμε σαν ποδήλατα. Καύση καθαρής βιολογικής ενέργειας και άσκηση. Έτοιμος;

-Έτοιμος!

-Ωραία, μεγάλε μου, φύγαμε!!!!

Στον δρόμο δείχνουν να το διασκεδάζουν ιδιαίτερα. Το τραγούδι και οι πλάκες πηγαίνουν σύννεφο.

Μπήκαν στην κοινότητα η οποία πρόκειται για ένα έτσι λίγο μεγάλο σημερινό παραδοσιακό χωριό, με πάρκα και πλατείες, χαμηλά σπίτια, ούτε αμάξια ούτε θόρυβος ούτε καυσαέρια ούτε φόβος. Μόνο λίγα δίτροχα. Σταματούν στην είσοδο μιας πλατείας. Παρκάρουν και βγάζουν τα κράνη τους. Ο Ντίνος φαίνεται σαφώς ικανοποιημένος με αυτό που αντικρίζει. Είναι πολύ ευδιάθετος.

Ντίνος
-Ωραίααααα! Πολύ ωραία θα έλεγα.

2ος
-Ωραία εεε;
-Δεν θα τα κλειδώσουμε να υποθέσω;
-Ακριβώς. Αυτά που ήξερες να τα ξεχάσεις.

Ξεκινούν τη βόλτα μες στο πάρκο. Περιηγούνται ανάμεσα σε ανθρώπους που συζητούν, χορεύουν, παίζουν παιχνίδια, μουσική, διάφορα. Ο Ντίνος δεν χορταίνει να βλέπει. Δείχνει ευχάριστα έκπληκτος με κρεμασμένο σαγόνι.

Ντίνος
-Πόσα ωραία παιχνίδια παίζουν εδώ; Δεν μπορώ να το πιστέψω! Και φαίνονται ευδιάθετοι. Και δεν βλέπεις άγριες φωνές, μαγκιές, νεύρα, φόβο, άγχος... Πολύ ωραία!!

2ος
-Ναι, ωραία είναι.
-Γήπεδο μπάσκετ έχει;
-Έχει. Απλά καλύτερα να δώσεις λίγο ακόμη χρόνο στο σώμα σου, να επανέλθει πριν ξαναπαίξεις. Θα 'ναι καλύτερα για σένα.
-Όντως, δεν αισθάνομαι ακόμη σε πλήρη φόρμα, για να μαγέψω τα πλήθη!
-Μάγος είσαι;! Χι, χι, χι!
-Αυτοί εκεί στα μαύρα που χορεύουν χέρι-χέρι τι είναι;
-Είναι οι Λελέβοσε crew. Τους αρέσουν οι ποντιακές παραδόσεις, οι χοροί, το φαγητό, η μουσική και προπάντων τα ανέκδοτα. Είναι απίστευτοι χωρατατζήδες, έχουν πάθος

με τα ανέκδοτα, και γενικά αστεία, γκάφες, φάρσες. Έχουν πλάκα!

-Έλα ρε! Γουστάρω! Τέλεια!

-Σε κόβω τεμέτερο σύντομα!

-Τεμέτερο; Τι έτσι λέγονται; Χα, θα γίνω τεμέτερος, λελέβοσε crew!! Γουστάρω!

-Με τις κατσαρίδες πώς τα πας;

-Μέτρια ως κακά, τις ψιλοσιχαίνομαι βασικά.

-Ααα πολύ ωραία!

-Τι ωραία; Μιλάς με γρίφους, γέροντα!

-Καθόλου, για να αποκτήσεις το ποντιακό τρεμούλιασμα στους ώμους, χαρακτηριστικό των ποντιακών χορών θα σου ρίξουν μια κατσαρίδα στο στήθος. Έχεις και τρίχα εσύ!! Χα χα χα!!

-Ξεκόλλαα!

-Ποντιακό αστειάκι, να μπαίνεις στο κλίμα!

-Γουστάρω!

-Να λελέβω τα καλΐα σου πούλιμ!!

-Εντωμεταξύ βλέπω και τελείως γυμνούς ανθρώπους, είναι γυμνιστές;

-Όχι, απλά αν ζεσταίνεσαι, δεν φοράς επιπλέον τρίχωμα. Δεν υπάρχουν ταμπού με το άνθωπινο σώμα. Θα το συνηθίσεις.

Συνεχίζουν τη βόλτα, μετά κάθονται σε ένα παγκάκι.

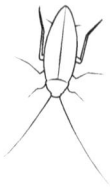

Ντίνος

-Πω, πω ωραία, τελείως χύμα εντωμεταξύ! Κυριλέ εστιατόρια και λοιπά παρόμοια να φανταστώ πως δεν...

2ος

-Ακριβώς. Ακριβά, πολυτελή, αποστειρωμένα μαγαζιά δεν υπάρχουν πια, όπως και γενικά αντικείμενα ένδειξης πολυτέλειας. Πέρα από τον λόγο ότι ήταν δυσκίνητα, υποχόνδρια και στενάχωρα, πλέον δεν νοείται η χλιδή και η σαδιστική χαρά του να έχεις υπηρέτες.

Ο Ντίνος με έπαρση!!
-Ναι, έτσι συνέβαινε... Ναι, θυμάμαι! Ναι, έτσι ήταν! Δεν γούσταρα πολύ τις κυριλέ δεξιώσεις! Άσε που άμα έσκαγα με τα «Φούσκωσέ το», θα με θεωρούσαν μπανάλ. Κοτζάμ διπλή αερόσολα και φινέτσατος σχεδιασμός!!

2ος

-Εμ... Αυτό πού το πας;
-Χα χα χα χα! Αυτό που ζούμε τώρα θα μπορούσε να το φανταστεί και να το αναφέρει κανείς ως ουτοπία.
-Βλέπεις, όμως, τελικά πως δεν ήταν απλά μια ουτοπία, μια φαντασιακή-ονειρική κατάσταση, αλλά πραγματεύσιμη. Σαφώς, πραγματεύσιμη. Και χωρίς πολλά- πολλά, αντιθέτως με πολύ λιγότερα. Αυτά που πραγματικά χρειαζόμαστε για μια υγιή, πλούσια και αρμονική ζωή... Που λες στα χρόνια σου και αρκετά χρόνια μετά μιλούσαν πολύ για ελευθερία. Μια ιδιαίτερα ρευστή και με ευρύ νόημα λέξη, χωρίς ακριβές ζωϊκό αντίκτυπο. Οπότε δεν υπήρχε κοινός τόπος σε αυτό που απαιτούσαν. Έχαναν την πραγματικότητα και το νόημα στο τι πραγματικά είναι αυτό που θέλουν. Επίσης, ο καθένας προσέγγιζε την ελευθερία με διαφορετικό τρόπο και έτσι προέκυπτε πρόβλημα συνεννόησης, συσπείρωσης και αλληλεγγύης. Αντιτάσσονταν και πολεμούσαν τους «καταπιεστές τους» ενώ παράλληλα ζούσαν στις ανθυγιεινές δομές των πόλεων και κατανάλωναν τα πολλά, άχρηστα

και φτωχά προϊόντα και υπηρεσίες, που έλεγχε το σύστημα που μάχονταν. Ενώ ήταν εξαρτημένοι από αυτό που πολεμούσαν. Σαν να κυνηγάς την ουρά σου. Η κοινή πορεία προς αυτό που ζεις τώρα ήρθε με τη φυσική ανάγκη του ανθρώπου για υγεία και για μια υγιή κοινωνία. Κάτι εμπράγματο και με πραγματική αξία για κάθε ζωντανό οργανισμό. Έτσι απέκτησαν δύναμη και παράλληλα αποδυναμώθηκαν οι διαφορές μορφές καταπίεσης και λοιπές ανθυγιεινές καταστάσεις και φτάσαμε σε αυτό που ζεις τώρα. Και μην ξεγελιέσαι από τον τρόπο που μιλάω για τους «καταπιεστές». Δεν είναι ένα απρόσωπο και φοβερό τέρας. Αλλά άνθρωποι σαν και εμάς! Άνθρωποι παθιασμένοι με την εξουσία και την ελκυστική χλιδή. Άνθρωποι που θέλουν να έχουν παρά πολλά, για να είναι και να δείχνουν ισχυροί... και σαφώς και όλοι οι υπόλοιποι που ονειρεύονταν να γίνουν σαν αυτούς. Τελικά δεν αφανίστηκε αυτό το μέρος της ανθρωπότητας, αλλά επιλέξαμε την κοινή και συνολική υγεία και χαρά. Άλλωστε είμαστε άνθρωποι, κομμάτι της γης. Ούτε αυτόσοφοι, ούτε θεοί. Με την πορεία του χρόνου ευτύχως δεν καταστρέψαμε τη γη, αλλά καλλιεργήσαμε το μυαλό μας, κατανοήσαμε την υπαρξή μας και έτσι τώρα, όπως βλέπεις, όλοι χαίρονται αυτή την υγιεινή, όλο χαρά και πλούτο υπαρκτότητα.

Ο Ντίνος τον ακούει σιωπηλός και λίγο συγκινημένος. Κατόπιν σπάει τη σιωπή του λέγοντας:

-Ας ευχαριστούμε, λοιπόν, και ας αποτίσουμε φόρο τιμής στους προγόνους μας, που διαπίστωσαν και αντιλήφθηκαν την πραγματικότητα και έδωσαν ζωή στη νέα αυτή εποχή!!!

Κάθονται σιωπηλοί.

2ος
-Έλα, σήκω πάμε μια βόλτα να χαλαρώσεις!

Ντίνος
-Φύγαμε.

Εκεί που περπατάνε, στέκονται σε μια παρεούλα που παί-ζουν χαρούμενη και χορευτική μουσική με έντονο το παραδο-σιακό στοιχείο. Αράζουν και αυτοί. Ο κόσμος δεν καπνίζει, ούτε μπεκροπίνει, ούτε έχει σκουπιδό-συσκευασίες, άλλωστε δεν υπάρχουν συσκευασίες μίας χρήσης και γενικά σκουπίδια. Πί-νουν ένα παραδοσιακό ποτό από γυάλινο μπουκάλι, το οποίο πηγαίνει από χέρι σε χέρι. Στους 15 υπάρχουν 3 γυάλινα μπου-κάλια.

Ο Ντίνος αρχικά δείχνει προβληματισμένος και στεναχω-ρημένος. Κατόπιν με λίγο ποτούλι δείχνει να το ξεχνάει. Αρχίζει το τραγούδι. Δεν ξέρει τους στίχους και έτσι ψιλολέει και ό,τι να 'ναι, τα οποία ό,τι να 'ναι τα δυναμώνει σιγά σιγά μετά από καμιά δυο... τζούρες ακόμη.

Και ωπ... Κάπου εκεί επεμβαίνει με ευγένεια ο 2ος
-Μεγάλε μου Ντίνο, θα σε θερμοπαρακαλέσω με φειδώ λίγο το ποτούλι, θα γίνεις κομμάτια και θα χαλαστείς.

Ντίνος
-Δίκιο έχεις, άρχισα να τα ψιλοχάνω, αλλά είναι γλυκό το άτιμο.

Ο 2ος με πάθος και σηκωμένη τη γροθιά του ψηλά, σχεδόν αστειευόμενος:
-Δύναμη ρε γαμώτο, ελέγχω τον εγκέφαλό μου, στο κεφάλι μου είναι, και αυτός ελέγχει και φροντίζει το κορμί μου!!
-Ωραίο αυτό, για ξαναπές το!

-Δύναμη, ελέγχω τον εγκέφαλο μου, στο κεφάλι μου είναι, και αυτός ελέγχει και φροντίζει το κορμί μου!! Έλα Ντίνο χορευταρά, δείξε μου τα skills σου!!!

Γύρω τους ήδη κάποιοι χορεύουν. Και αρχίζει ο χορός. Όχι τρελά γλέντια, έτσι χαβαλέ. Ο Ντίνος χορεύει με στυλ μπάσιμο-τρίπλα.

Εντωμεταξύ έχει αρχίσει να σουρουπώνει (8-9 του Μάη). Εκεί στον χορό ο Ντίνος θαμπώνεται από μια ευπαρουσία-στη και πληθωρική γυναίκα. Πάει προς το μέρος της και τη χαζεύει στα κλεφτά.

Η ώρα πέρασε. Χόρεψαν, χάρηκαν, ο χορός κόπασε, ο Ντί-νος και ο 2ος άραξαν και αυτοί.

2ος
-Καλά πέρασες, μεγάλε μου, εε; Έριξες και τους χορούς σου.

Ντίνος
-Τέλεια!!

2ος
-Τι λες, πέρασε η ώρα, πάμε πίσω σπιτάκι για νανάκια;
-Καλή ιδέα. Φύγαμε!

Έφτασαν σπίτι.

Ντίνος
-Αχ σπίτι μου, σπιτάκι μου... Κρεβάτι, κρεβατάκι μου... Πιτζάμες, πιτζαμούλες μου!

2ος
-Και παντόφλες, παντοφλίτσες μου, γλυκά μου παντοφλάκια!!! Καλά, έχουμε ξεφύγει τελείως.

Ο 2ος πάει προς το δωμάτιό του.

Ντίνος
-Καλά μιλάμε αλλού (παραμιλάει)!!!! Επ πού πας!; Εεπ πού πας εσύ; Δεν θα κάτσουμε να κάνουμε λίγο κουβεντούλα πριν κοιμηθούμε; Ψοφάω για λίγο κουτσομπο... εεεεε... κοινωνικό σχόλιο!!

2ος
-Πάω να φορέσω τις πιτζάμες, πιτζαμούλες μου!!

Ντίνος
-Ααα ναι εε!! Προσοχή όμως! Ραντεβού στο καθιστικό ευθύς μετά!!
-Χαχαχα! Α ρε τρέλα!!!

Κάθονται στο τραπέζι.

2ος
-Θες κάνα κριτσινάκι;

Ντίνος
-Ναι, αμέ αχά!!

Καθώς ο 2ος βγάζει τα κριτσινάκια και βάζει δύο ποτήρια νερό, ο Ντίνος τον ρωτάει έτσι με παιχνιδιάρικο ύφος
-Εεεε και να σε ρωτήσωωωω, αν και είναι γεγόνος ότι εγώ είχα πάντα αδυναμία στις στρουμπουλές… εεε… οι περισσότερες κοπέλες εεε και οι άντρες έχουν ωραία και γυμνασμένα σώμα- τα;

2ος
-Για σκέψου λίγο.
-Εεε ναι…. αν όταν παράγεις την ύλη, για να συντηρείς και να δίνεις ενέργεια στο σώμα σου, παράλληλα το ασκείς, χωρίς όπως είπες να το καταπονείς και να το ζορίζεις και κάνεις και λυτή υγιεινή διατροφή…. Καλά τα λέω;
-Καλά μιλάμε… Εσύ είσαι αστέρι!
-Ναι, πώς να μην έχεις ωραίο, γυμνασμένο σώμα. Τίποτα για συμπλήρωμα; Κάνα στόρι από τα παλιά;
-Αρκετά δεν άκουσες σήμερα;
-Μια τελευταία.

-Άντε θα το κάνω το κομμάτι μου! (Παίρνει έτσι ύφος διδάσκα-λου). Αρχικά, αν αγαπάς τη ζωή, αγαπάς και το σώμα σου, οπό-τε φροντίζεις σαφώς και για τη σωστή διατροφή σου. Και λίγη ιστορία για το παρελθόν μας. Στις πόλεις τότε οι άνθρωποι δεν ήθελαν να ιδρώσουν, για να παράγουν και ακόμη περισσότερο να ασχολούνται με τη γη, το θεωρούσαν κάτι το κατώτερο. Τσο-μπάνης; Ντροπή!! Ήταν κόντρα στην ανάπτυξη της κοινωνίας. Η ανάπτυξη βρισκόταν σε αποστειρωμένα γραφεία και φορούσε κουστούμι. Υπερκατανάλωναν τροφές σχεδόν σκουπίδια, μέσα σε σκουπίδια. Μάλιστα, άκου εκεί!! Με πρόφαση την ασφάλεια των τροφίμων προσπάθησαν να επιβάλλουν νομοθεσία απαγό-ρευσης προσωπικών μπαξέδων!!! Φάε μόνο σκουπίδια!

-Έλα ρε! Τελείως κουλό λέμε!!!

-Επίσης, στις τότε δυτικές κοινωνίες οι άνθρωποι είχαν προ-βλήματα παχυσαρκίας. Και ξόδευαν ενέργεια σπάταλα για το οτιδήποτε, αρκεί να μην ιδρώσουν. Ο ιδρώτας τους βρωμούσε πάρα πολύ!! Τον κάλυπταν με αλκοολοπετρέλαιο- παράγωγα με άρωμα αβοκάντο!!! Ουσίες που αν τις πιεις την πάτησες. Και την πατήσαμε μετά από χρόνια, όταν συσσωρεύτηκαν σε μεγάλο βαθμό στην μικρή μας Γη... Γυμναστική κυρίως για μό-στρα και νταϊλίκια, σε κλειστούς χώρους επί πληρωμή. Βέβαια θα μου πεις κάτι είναι και αυτό... Εεε αυτό! Η παράσταση, μη πω χολή, έλαβε τέλος για σήμερα!!! Χα χα χα!!

Και υπόκλιση στον Ντίνο που χειροκροτεί και τρώει κριτσι-νάκια.

2ος
-Τα ξέσκισες τα κριτσινάκια!!! Χαχαχα! Μη σκας!! Φάε όσα θέλεις, απλά μου αρέσει σαν πρόταση, (ξανά) τα ξέσκισες τα κριτσι-νάκια!!!

Ντίνος

-Χαχαχα, τα ξέσκισες τα κριτσινάκια!!!

-Αλλά ας τα αφήσουμε αυτά, ξέρω εγώ... κατάλαβα πονη-ρούλη μου, γιατί μου θέλεις κουβεντούλες βραδιάτικα... σε είδα πώς το κάρφωνες το όμορφο, το μελαχρινάκι, εεε μπαγαμπό-ντη ή μήπως ήθελες να θυμηθείς το μαρκάρισμα;!

-Ρε κουφάλα, ρε τι κουφάλα είσαι εσύ; Τίποτε δεν σου ξεφεύγει! Ρε τι έχεις στον μικροϋπολογιστή σου; Ανιχνευτή σκέψεων και δεν μου το λες;!

-Έχω μάτια, μεγάλε μου, και βλέπω... Είχες κρεμάσει γλώσσα σαν σκυλάκι, έτσι να γλείψεις κάνα κοκαλάκι! Για πες γουστάρι-ζεις, γουσταρίζεις;

-Πω πω... Ναι! Εεε γάμα τα!! Κυριολεκτικά θαμπώθηκα, έμεινα άναυδος, μεγάλε μου, πώς το λένε έπαθα κοκομπλόκο, βάρεσα μπιέλα, έχασα το φως κάτω από τα πόδια μου, πέρασε αστρα-πή 500 ρίχτερ μέσα από το πάγκρεάς μου!!!! (Τα λέει πολύ εκ-φραστικά)..... Τι όμορφηηηη!!! (Ρίχνει τους τόνους παίρνοντας μια πολύ γλυκιά φατσούλα. Τη σκέφτεται).

-Α ρε Ντίνο, τη δάγκωσες τη λαμαρίνα;

-Ναι, λοιπόν, το παραδέχομαι τη δάγκωσα τη λαμαρίνα!!

-Χαχαχα, για να σε γειώσω τώρα, αυτή την κοπέλα την ξέρω.

-Ε και; Καλό είναι αυτό θα μου κάνεις τα κονέ εεε; Εεε;;

-Κάτσε, άσε με να τελειώσω, μη βιάζεσαι!

-Οκ πες πες πες πες!

-Που λες αυτή η όμορφη μελαχρινή είναι ένας ασέξουαλ όμορ-φος γνωστός μου!!!!

Ο Ντίνος μένει κάγκελο.
-Πώωωσς!
Ο 2ος χέστηκε στα γέλια χαχαχαχαχα!! Ο Ντίνος δεν μπορεί να το χωνέψει.

Ντίνος
-Ρε άτιμε, πλάκα μου έκανες; Πες την αλήθεια! Ρε παλιοκά-
θαρμα, ρε τσόγλανε, ρε σαν δεν ντρέπεσαι ρε! Θα με αφήσεις
στον τόπο, ερωτευμένο άνθρωπο, πάνω που μου αρέσει εδώ,
ρε κάθαρμα.... (τον στόλισε γενικά με ένα σωρό κοσμητικά επί-
θετα).

O 2ος δεν μπορεί να συνέλθει από το γέλιο (τα 'χε κοπανή-
σει και λιγάκι), τον έχει πιάσει σπαστικό, ενώ ο Ντίνος συνεχίζει
να τον κράζει γελώντας.


Ντίνος
-Ρε τον άτιμο, τη σιγανοπαπαδιά πώς μου την έφερε!!!


2ος
-Χαχαχα, έπρεπε να δεις τη φάτσα σου! Ε ρε πλάκα που
έχουμε!!!!
-Ναι, πολλή πλάκα, που μου 'κόψες τα πόδια ή μάλλον τα φτε-
ρά, τα φτερά του έρωτα!!!
-Τέλος πάντων, πέρα από την πλάκα να έχεις τον νου σου,
υπάρχουν πολλοί άνθρωποι που δεν τους ενδιαφέρει το σεξ
ως διαδικασία. Το βλέπουν μόνο αναπαραγωγικά.
  Ο Ντίνος αλλού (Σκέφτεται την κοπέλα)
-Ε ρε, και εγώ τι άσχετος που είμαι! Πώς ήταν άντρας! Αφού είχε
βυζιά, ωραία βυζιά, βυζάκια, κούκλα μου εσύ, κουκλάρα μου
εσύ!!!


2ος
-Καλά εσύ είσαι αλλού!!! Άκου μεγάλε μου, πάμε να κοιμη-
θούμε, ώστε αύριο να ξυπνήσουμε φρέσκοι να εργαστούμε, να

κοιμηθούμε το μεσημέρι και μετά θα σε πάω σε ένα μέρος που πηγαίνουν άνθρωποι που γουστάρουν να κάνουν σεξ, να ξελαμπικάρεις λίγο και μετά άρχισε τις γνωριμίες.

-Και η κοπέλα;

-Δεν σου λέω να μην την ψάξεις, να τη γνωρίσεις. Απλά πρώτα να πάμε να κάνεις έρωτα να ξελαμπικάρεις λίγο, μην την τρομάξεις την κοπέλα με την ορμή της σεξουαλικής σου επιθυμίας! Καλό και το homework αλλά και λίγη αλληλεπίδραση καλό θα σου έκανε!

-Ναι, δεν επιμένω, σαφώς δεν επιμένω!! Αύριο θα πάμε για σεξ! Very nice! Very very very nice!!

Και πάει με τραγούδι και χαρά για ύπνο.

Γελώντας ο 2ος

-Α ρε, πού τον πέτυχα!!! Πλάκα έχει ο μπαγάσας!!

Την επόμενη μέρα στον μπαξέ ο Ντίνος μες στην τρελή χαρά. Εφηβική χαρά. Το απόγευμα έχει μάλλον μαμίσι μετά από τόσα χρόνια!!

Έφτασε μεσημέρι. Γρήγορα εεε; Μήπως κάποιος βιάζεται; Σηκώνεται ο 2ος από το μεσημεριανό ύπνο και βρίσκει τον Ντίνο έτοιμο να τον περιμένει.

2ος

-Έτοιμος μεγάλε μου; Βλέπω δεν κρατιέσαι!!

Ντίνος (χτενισμένος περιποιημένος)

-Ναι, και νιώθω και μια αμηχανία να σου πω την αλήθεια.

-Ναι, εε;

-Εεε λίγο.

-Μη μασάς, μεγάλε μου, χαλάρωσε και όχι ντε και καλά, επειδή θα πάμε εκεί πρέπει να κάνεις την πράξη. Αν αισθανθείς άνετα με μια κοπέλα και θελήσεις... Πάντως να ξέρεις, πρώτα ξεχώρισε μια κοπέλα, κάποια έτσι να είναι κοντά στη μορφή που σε ελκύει. Γνώρισε την και αν θελήσεις και αισθανθείς άνετα μαζί της, ζητά της αν θέλει να κάνετε έρωτα.

-Έλα ρε, love doctor... Έτσι απλά;

-Ναι, θα είναι εύκολο να το καταλάβεις. Μην προσπαθήσεις να την ξεγελάσεις ή να την τουμπάρεις με ψέματα. Θα την οδηγήσεις σε άλλα συμπεράσματα για εσένα και για αυτό που θέλεις. Οι άνθρωποι είναι ειλικρινείς, όχι πως είναι στάσιμοι και συγκεκριμένοι, μονόπλευροι. Ξέρεις, ο εγκέφαλος είναι ένα δυναμικό κατασκεύασμα και προσπαθούμε όσο είναι δυνατόν να το διατηρούμε μια δυνατή, ζωντανή ζούγκλα! Απλά κάποιες αρετές όπως η ειλικρίνεια, καλλιεργείται ως μέρος του νευρωνικού δικτύου, ως αρετή, ως υγεία για όλο το σύνολο των ανθρώπων, της γης, των πάντων. Όπως και το αίσθημα της αλληλεγγύης.

-Καλά με τρούπισες* πάλι μεγάλε μου! Λες να μην είμαι έτοιμος να προσεγγίσω άλλα άτομα;

-Όχι μωρέ, πιστεύω θα τα καταφέρεις. Απλώς καλό είναι να πεις για εσένα, και το πώς βρέθηκες εδώ.

-Ωραία ναι ναι... ααααααααα πουλάκι μου, με δουλεύεις!!! Τι ειλικρίνεια μου λες ρε γελοίο υποκείμενο με την πλάκα που μου έκανες χθες!!!

-Χαχαχαχααχα!! Αυτό ήταν πλάκα. Αλλά επί τη ευκαιρία θα φλυαρήσω ή θα τριπλάρω λιγάκι.

-Μαθαίνεις-μαθαίνεις, αν και η τριπλά δεν είναι φλυαρία, είναι... το παν!!

-Δεκτό και συνεχίζω. Η ειλικρίνεια ή η αλληλεγγύη δεν είναι ένας τυφλός

---
*με έστειλες

νόμος, μια αρχή που πρέπει να υπακούμε και μας την επι-
βάλλουν. Αυτό που μας ενδιαφέρει είναι η εκ των πραγμάτων
υγεία. Η υγεία της μάνα μας, της γης που μας δημιούργησε
και μας συντηρεί. Η υγεία του σώματος μας και κατ' επέκταση
η υγεία όλης της κοινωνίας. Ααα κάτσε να σου πω και ένα
έτσι ωραίο παράδειγμα, παρμένο από ένα άλλο είδος ζωής,
τη μέλισσα.

-Το μαθητούδι είναι όλο αυτιά!!

-Το μελίσσι -που λες- αποτελείται από πολλές μέλισσες, οι οποί-
ες είναι ένα κομμάτι του μελισσιού. Η κάθε μέλισσα δεν κοιτάει
την πάρτη της, αλλά την υγεία όλου του μελισσιού ως σύνολο.
Όπως και το σώμα. Η καρδιά δεν κοιτάει μονό την πάρτη της,
αλλά το συνολικό σώμα...

-Αν και, συγνώμη που σε διακόπτω, στην περίπτωση αυτή, στα
χρόνια μου ο εγκέφαλος κατέστρεφε τα υπόλοιπα μέρη του
σώματος, εννοώ με κακή διατροφή, κάπνισμα, πολύ αλκοόλ
και άλλα πολλά.

-Ακριβώς!! Τώρα ο εγκέφαλος αναζητά την υγεία και πέρα από
το ίδιο του το σώμα, εμπερικλείοντας μια ολότητα υγείας μέσα
από την ίδια του την κοινωνία. Έτσι οι άνθρωποι θέλησαν μια
υγιή ανθρώπινη κοινωνία. Σε αυτή την υγιή ανθρώπινη κοινω-
νία επικρατεί αυτή η κοινή συνείδηση για δικαιοσύνη, αλλη-
λεγγύη, ειλικρίνεια και άλλες παρόμοιες αρετές. Αααα και είμαι
πολύ χαρούμενος που τα είδες και τα αγάπησες, πραγματικά
χωρίς να χρειαστεί να σου πω πολλά.

-Σωραίος* ρε...

-Και σταματώ να προχωρήσουμε στην πράξη.

-Άντε ντε! Αδερφάκι μου!!

Πήγαν στα δίτροχα.

---

*είσαι ώραιος

58

2ος
-Μεγάλε, ακολούθα με!

Ντίνος
-Οκάι!!!

Δρόμος. Φτάνουν σε μια πλατεία. (Πώς και έτσι; :)). Παρκά-
ρει ο 2ος και από πίσω του ο Ντίνος.

Ντίνος
-Εδώ είμαστε;

2ος
-Ακριβώς.
-Ώστε εδώ είμαστεεεε!!!
-Έλα, πάμε μια βόλτα να περπατήσουμε, είναι ωραία πλατεία.
Περπατάνε στον δρόμο και μιλάνε…

Ντίνος
-Ναι, όντως φαίνεται πολύ ωραία, αλλά για πες μου εδώ συ-
χνάζεις;

2ος
-Βασικά έρχομαι ψιλοσπάνια και κυρίως όταν ήμουν νεότερος
-Ψιλοσπάνια το λέμε τώρα!!
-Ψιλό και αγνάντευε!!
-Χα χα χα. Εεεε και για πες εδώ όλοι ψάχνονται;
-Αααα, δεν σου είπα. Δεν είναι αναγκαστικό να ψάχνεται κά-
ποιος, για να έρθει εδώ. Απλά έχει τόσες πλατείες, τόσα μέρη
που μπορεί να πάει, εδώ είναι γνωστό αυτό που συμβαίνει,

οπότε το πιο πιθανό είναι να το έχει στο νου του οποιοσδήποτε έρχεται εδώ.

-Ο μικροϋπολογιστής δεν τα πιάνει αυτά;

-Ποια; Το ποιος και πόσο ψάχνεται;

-Ακριβώς.

-Εννοείται πως τα πιάνει! Σου βγάζει στατιστική ανάλυση για την καθεμία και σου λέει με ποια ατάκα μπορείς να τη ρίξεις.

-Ξεκόλλα!

-Οκ, όχι. Χρησιμοποιούμε την πρωτογενή επικοινωνία που προ-ήλθε με τη ζύμωση και τη δημιουργία του ανθρώπου, δηλαδή τα μάτια, τα αυτιά, και τη λίγο κατοπινή ομιλία που αναπτύχτηκε μαζί με τον εγκέφαλο. Τα εργαλεία που φτιάξαμε είναι λίγο φτω-χά, δεν υποκαθιστούν τον πλούτο και τις ανάγκες του εγκεφά-λου και της επικοινωνίας. Δηλαδή οι δυο επιλογές θέλω ή δεν θέλω να κάνω σεξ με κάποια συγκεκριμένη οντότητα που θα ήθελες να μπορείς να γνωρίζεις αυτόματα μέσω της μηχανής θα προκύψει, αφού έρθεις σε φυσική επαφή και ζύμωση με τον άλλο άνθρωπο.

-Οκ, απλά ρωτάω, για να ξέρουμε ποια να προσεγγίσουμε.

-Τι μεγάλε μου; Φοβάσαι μη φας χυλόπιτα!!

-Εγώ! Τι λες ρε άσχετε!! Αφού ούτως ή άλλως είμαι τέλειος, η ίδια η τελειότητα, κουκλάκι ζωγραφιστό. Με έχεις δει να τριπλά-ρω;

-Κουκλάκι ζωγραφιστό, ξεκαβάλα το καλάμι, βλέπω μια φίλη μου την Αννούλα, είναι και με μια φίλη της. Πολύ ωραία, πάμε να τις χαιρετήσουμε.

-Ε ξεκόλλα, εεε ντρέπομαι.

-Χαχα σε έπιασαν οι ντροπές ρε Τραβόλτα, τριπλαδόρε!!

Ο 2ος σηκώνει το χέρι να χαιρετήσει. Τον βλέπει και η φίλη του και τον χαιρετά. Πλησιάζει ο 2ος προς το μέρος της. Από πίσω και ο ντροπαλός Τραβόλτα.

2ος
-Γεια σου Άννα μου, τι κάνεις; Καλά είσαι; Καιρό έχω να σε δω.

Άννα
-Ναι μωρέ, χαθήκαμε! Αν και θεωρώ πως εσύ έχεις κυρίως χαθεί. Μου έχεις γίνει γκουρού εκεί πέρα στον κήπο.

2ος
-Δεν έχεις και άδικο! Αφού ξες. Γουστάρω εκεί την ησυχία μου, τη χαρά μου να ασχολούμαι με τη φύση, ξέρεις την τρέλα μου άλλωστε! Να σας συστήσω τον φίλο μου, τον Ντίνο.

Άννα
-Και εγώ τη φίλη μου, τη Ζωή.

Ντίνος
-Ζωή; Τι υπέροχο όνομα!!!! (Με πολυύ πάθος).
    Ο 2ος γελάει, τα κορίτσια ξαφνιάζονται ευχάριστα.

Ντίνος
-Ωπ μου ξέφυγε, ξέρετε τον τελευταίο καιρό της ζωής μου... εεεεεεεε... η ενασχόλησή μου με το θέμα ζωή και η λέξη ζωή...τη χρησιμοποιώ πολύ συχνά... Και ναι (κοιτάει τον 2ο και αυτός του κάνει μορφασμό-νόημα «συνέχισε, εκφράσου ελεύθερα»)

ήμουν, ξέρετε, πολύ καιρό στη συντήρηση, στο ψυγείο εεε όχι ακριβώς στο ψυγείο αλλά στην κατάψυξη... επειδή ήμουν άρρωστος, με σκοπό όταν βρουν τρόπο να καταπολεμήσουν την ασθένεια μου να με αποψύξουν και να συνεχίσω να ζω.

   Οι κοπέλες ένα στόμα, μια φωνή:
-Ουάουυυυυ!!!!!

   Ντίνος
-Ναι, και προέρχομαι από το 1990 με απόψυξαν πριν δυόμιση μήνες.

   Άννα-Ζωή
-Απίστευτο!!

   2ος
-Α ρε Ντίνο μεγάλεε, άφωνα τα άφησες τα κορίτσια!!

   Ντίνος
-Ναι, και ο κύριος από εδώ φροντίζει για την προσαρμογή μου.

   Άννα
-Χαχαχα!! Και έχεις αυτόν τον τρελάρα προσαρμοστή;; Χαχαχαχα, τι άλλο θα ακούσω σήμερα η κακομοίρα!!

Γελάει το παρεάκι.

2ος
-Θα μας επιτρέψετε να κάτσουμε εδώ μαζί σας παρέα;
   Τα κορίτσια κάθονταν σε μια ωραία γωνίτσα, στη σκιά ενός δέντρου, στο χορτάρι οκλαδόν.

Τα κορίτσια
-Ευχαρίστως!

   Κάθονται και τα παλικάρια και σχηματίζουν έναν κύκλο.

Ζωή
-Ντίνο, ενθουσιάστηκα με την ιστορία σου! Πολύ ενδιαφέρουσα.
   (Κατόπιν αποκρινόμενη στον 2ο)
-Θα έχεις ακούσει πολλές ιστορίες για το παρελθόν...

Ο 2ος γελώντας
-Χαχα.. Όχι ακριβώς, εγώ ως προσαρμοστής του γνώριζα αρκετά για αυτόν και την εποχή του. Το δικό μου κύριο μέλημα ήταν να τον προσαρμόσω στην τωρινή κοινωνία.

Ζωή
-Όντως! Από όσα γνωρίζω, πρέπει να ήταν κάμποσο διαφορετικά στην εποχή σου;

Ντίνος
-Επειδή ζω κάθε μέρα έντονα και συνεχώς γνωρίζω πράγματα δεν είχα πολύ χρόνο να κάτσω να τα σκεφτώ. Αλλά ως μια πρώτη άποψη, δεν θεωρώ πως έχουμε πολλές διαφορές,

αλλά κάποιες σημαντικές. Αγαπάτε πλέον τη ζωή οπότε και την υγεία και ως προέκταση καταφέρατε να αγαπάτε και την υγιή κοινωνία και αποκτήσατε αυτό, την κοινή συνείδηση σε αυτό, στην αγάπη της ζωής, εε και εδώ κολλάει το Ζωή.. Τι ωραίο όνομα!!! (πάλι με το ίδιο πάθος, και πάλι γέλια)

Άννα
-Και αν κατάλαβα σου αρέσει αυτό που ζεις τώρα;

Ντίνος
-Αν μου αρέσει λέει; (Κάθεται λίγο αμίλητος και σκέφτεται. Το γέλιο του γίνεται κλάμα και δάκρυα) Ααχ, τι καλύτερο θα μπορούσε να φανταστεί ένας πατέρας για τα παιδιά του, τι καλύτερο από αυτό που ζω σήμερα!!

    Ο 2ος τον πλησιάζει και τον αγκαλιάζει, η Ζωή του τρίβει την πλάτη.

Ντίνος
-Τι ωραίο κλάμα, όταν κλαις από χαρά!!! Τι αγαλλίαση, τι έκσταση χαράς, όταν γνωρίζεις πως οι άνθρωποι παντού είναι αδέλφια σου, όταν γνωρίζεις πως κανένας δεν υποφέρει, κανείς δεν πεινάει, κανείς δεν πολεμάει και δεν σκοτώνει τον συνάνθρωπό του. Πώς να μην κλάψω από συγκίνηση; Πώς να μην κλάψω από συγκίνηση... Να με συμπαθάτε, αλλά όλη αυτή η ορμή της ζωής και η ευγενική και συνάμα άνετη συμπεριφορά του 2ου με έκανε να αισθανθώ ένα με αυτό που ζω, χωρίς καν να συνειδητοποιήσω αυτή τη χαρά, αυτή την απόλαυση!!! Ίσως λάθος στιγμή αυτό το ξέσπασμα! Ναι ίσως, αλλά είναι ξέσπασμα χαράς και σας ευχαριστώ όλους!!!! Και τους αγκαλιάζει.

Στέκονται για λίγο αμίλητοι. Πιο πέρα ακούγονται παιδάκια που παίζουν ανέμελα (παραπέρα κάποιος καθαρίζει κρεμμύδια. Στιφάδο; Δεν ξέρω!).

2ος
-Ωραία μέρα σήμερα, θέλετε να πάμε κάνα περίπατο να αποφορτίσουμε έτσι λίγο και το κλίμα και τον φίλο μου;
-Ναι!! (όλοι μαζί με πρώτο τον Ντίνο).

Σηκώνονται και περπατάνε.
Περπατάνε για λίγο αμίλητοι και θαυμάζουν το κάλλος της φύσης. Τι όμορφα! Τι πλούσια που στέκουν τα δέντρα!! Τι γλυκά κελαηδούν τα πουλιά, τι ωραία μυρίζει το χοιροστάσιο! Στον Ντίνο επέστρεψε το παιχνιδιάρικο του στυλ, κάνει αστείες γκριμάτσες, τρίπλες και αστειάκια. Καθώς περπατάνε μες στη φύση, στα όμορφα δέντρα, στο πλούσιο χώμα, ο Ντίνος βρίσκει χρόνο και χώρο για παλιά κλασικά αστειάκια.

Στην Άννα.
-Αχ, Άννα, λερώθηκες στην μπλούζα σου.
Σκύβει να κοιτάξει η Άννα και της χτυπάει τη μύτη και ξεκαρδίζεται στα γέλια.

Στον 2ο
-Ρε φίλε, τι είναι αυτό εκεί στα δεξιά;
Γυρνά ο 2ος το κεφάλι, και όταν το ξαναγυρίζει η μύτη του βρίσκει στο δάχτυλο του Ντίνου. Ξεκαρδίζεται πάλι στα γέλια.

**ΤΟΪΝΓΚ!**

Στη Ζωή
-Ζωή, να σου πω ένα ανέκδοτο από τα παλιά;

65

Ζωή
-Ναι, ευχαρίστως!
-Πάει ένας τύπος στο γιατρό και του λέει:
«-Γιατρέ μου, έχω πολλά νεύρα. Όπου πηγαίνω μπλέκω σε καβγάδες.
-Μάλιστα του λέει ο γιατρός… Πρέπει να προσπαθήσετε περισσότερο να συγκρατείτε τον θυμό σας, αγαπητέ μου. Έχετε μπλέξει σε πολλούς καβγάδες;
-Ναι ρε… Γιατί; Τραβάς κάνα ζόρι;»


Η Ζωή γελάει μετά από 3 δευτερόλεπτα (πλέον δεν σκαμπάζουν και πολύ από καυγάδες και νεύρα), αλλά έχει πολύ αστείο γέλιο, τσιριχτό αχαχούχα, που κάνει και τον Ντίνο να συνεχίζει να γελάει.

Ανεβαίνουν κάπου ψηλά με όμορφη θέα, όπου στέκονται όλοι και μετά κάθονται κάπου εκεί κοντά αγναντεύοντας τη θέα.

Ο Ντίνος αγναντεύοντας
-Τι ωραίααα!!

Κάθονται και χαζεύουν την ομορφιά σιωπηλοί!

2ος στον Ντίνο
-Μεγάλε μου, τα έκανες τα αστειάκια σου.

Ντίνος
-Ψοφάω για αστειάκια!

2ος
-Αα και μιας και δεν το ξέρετε, ο Ντίνος ήταν σπουδαίος μπασκετμπολίστας στα χρόνια του.

Τα κορίτσια
-Έλα ρε!!!

2ος
-Χαχα και μάλιστα τις προάλλες βλέπαμε ένα θρυλικό ματς που έπαιζε ο Ντίνος και χιλιάδες οπαδοί ζητωκραύγαζαν «Φούσκα, Πέτα, Πάνω απ' την Μπασκέτα. Είσαι σαν Ρουκέτα, Μέσα στην Ρακέτα!!!»

Ντίνος
-Χαχαχα! Γιατί το άλλο «Σκα, Σκα, Σκα, Φούσκα πάρ' τους τα βρακιά!!» Εεεε τα μυαλά ήθελα να πω!!
    Το παρεάκι λιώνει στο γέλιο!!

Ντίνος
    Αυτός είμαι λοιπόν... και αφού εσείς μάθατε για μένα θέλω να μάθω και εγώ για εσάς. Εσείς κορίτσια κάποια ενδιαφέρο-ντα; Ασχολίες;

Άννα
-Μου επιτρέπεις, Ζωή;

Ζωή
-Ναι, ευχαρίστως.

Άννα
-Είμαστε και οι δύο λάτρεις της επιστήμης. Εγώ ασχολούμαι με το διάστημα και τη διερεύνηση του χάους και η Ζωή με την ενέργεια.

Ντίνος
-Ααα... Πολύ ενδιαφέρον!

2ος

-Ναι και που λέτε κορίτσια ο Ντίνος με ρωτούσε για παρόμοια θέματα τεχνολογίας, μιας και είχε δει μόνο έμενα τον απλοϊκό, που ασχολούμαι κυρίως με τον μπαξέ μου.

Ντίνος

-Ναι, περίμενα να δω καμιά πολύ υψηλής τεχνολογίας κατάσταση, ουρανοξύστες και λοιπά και εγώ απλά βρισκόμουν σε ένα αγρόκτημα, πανέμορφο δεν λέω, αλλά αναρωτιόμουν «είμαι στο μέλλον ή στο παρελθόν;».

Άννα

-Καλά, έπεσες και εσύ στην περίπτωση! Αλλά και για αυτό υποθέτω ορίστηκε και προσαρμοστής σου. Βέβαια, πέρα από την πλάκα εννοείται ότι και εμείς ασχολούμαστε με την παραγωγή τροφής σε κοινόβιους μπαξέδες παρόμοιους με αυτόν του 2ου. Εντάξει λίγο πιο αυτοματοποιημένους οπότε και όχι τόσο καλούς σαν του 2ου. Αλλά η παραγωγή της τροφής μας είναι δική μας υπόθεση και ευχαρίστηση όπως έχεις καταλάβει. Ζούμε σε πιο πολυπληθή κοινωνία, σε ένα κοινόβιο και είμαστε καλές φίλες και ξαδέρφες.

Ντίνος

-Έλα ρε, ξαδέρφες; Ναι, ψιλομοιάζεται! Ααα κοινόβιο, επιστήμες πολύ ωραία!! Αλλά μιας και το έθεσε και ο 2ος... Ξέρετε, θα ήθελα, αν είναι δυνατόν, να μου πείτε λίγα πράγματα για τις επιστήμες σας.

Άννα

-Διερεύνηση του διαστήματος και του υποθετικού χάους... Είναι μεγάλη επιστήμη... Πολύ γενικά είναι αυτό, έτσι όπως ακούγε- ται. Εμπεριέχει πολλές θεωρητικές γνώσεις και τη δυνατότητα επίλυσης πολύ πολύπλοκων ασκήσεων και απαιτεί πάρα πολύ μεγάλη και σχολαστική προετοιμασία για την πραγματοποίηση πειραμάτων. Γιατί, ναι, μπορεί να έχουμε αυξήσει τη δυνατότητα να ταξιδεύουμε στο διάστημα σε σχέση με το 1990.... Δεν ξέρω αν του ανέφερες τίποτα 2ε;

2ος

-Όχι και πολλά.

Άννα

-...αλλά πάλι τα πειράματα αυτά απαιτούν κάμποση ενέργεια και δεν είμαστε σπάταλοι. Εγώ, πιο συγκεκριμένα, τώρα ασχο- λούμαι με δημιουργία κατασκευών που θα μεταφέρουν τις συνθήκες της γης σε κάποιον άλλο πλανήτη, τον λεγόμενο Επίκουρο, ώστε να μπορέσουμε να κατοικήσουμε εκεί σε πε- ρίπτωση καταστροφής του πλανήτη μας ή για οποιοδήποτε άλλο λόγο.

Ντίνος

-Πω πω πολύ ενδιαφέρον! Πάρα μα πάρα πολύ ενδιαφέρον, να φανταστώ ότι ασχολούνται πολλοί άνθρωποι με αυτό;

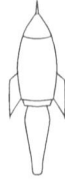

Άννα

-Ναι. Είμαστε πάρα πολλοί ανά το κόσμο που συνεργαζόμαστε στενά, αν και διασκορπισμένοι παντού.

Ντίνος

-Πολύ ωραία Άννα, σε ευχαριστώ πολύ! Εσύ, Ζωή;

Ζωή

-Ενέργεια… Ασχολούμαι με την ενέργεια, τα διάφορα είδη της, τη μεταφορά ενέργειας, την εξοικονόμηση της και, κατά κύριο λόγο, την εκμετάλλευση της κύριας πηγής ενέργειας του πλανήτη μας, του ήλιου. Προσωπικά, τα τελευταία χρόνια συμμετέχω σε ένα πειραματικό πρόγραμμα προσομοίωσης των φυτών. Δηλαδή, είμαστε μια ομάδα από μηχανικούς που έχοντας μελετήσει διεξοδικά τη λειτουργία και τη μηχανική των φυτών, εξελίσσουμε μια μηχανή. Αυτή η μηχανή μάλιστα έχει πρώτο- δημιουργηθεί στα χρόνια σου και μετατρέπει διοξείδιο του άνθρακα και νερό σε γλυκόζη δεχόμενη διαφορετικές ακτινοβολίες από αυτές του ήλιου. Δηλαδή, όπως τα φυτά, η μηχανή αυτή δεσμεύει ενέργεια σε χημικούς δεσμούς που μπορεί να χρησιμοποιήσει ο άνθρωπος και τα υπόλοιπα ζώα. Και μάλιστα αυτή η μηχανή μπορεί να συνδεθεί κατευθείαν στο σώμα του ζώου π.χ. του ανθρώπου και να του παρέχει κατευθείαν ενέργεια. Τα πειράματα αυτά σχετίζονται και με αυτά της Άννας. Παράλληλα, προετοιμάζεται μια μηχανή που να μπορεί να παράγει μια αφομοιώσιμη από τον άνθρωπο μορφή ενέργειας από πηγές ενέργειας στον πλανήτη Επίκουρο.

Ντίνος
-Ωωωππ επίσης πάρα πολύ ενδιαφέρον... Η ζωή εξαπλώνεται και σε άλλους πλανήτες! Και για πες μου, αυτές οι μηχανές ενδέχεται να αντικαταστήσουν τα φυτά στη Γη;

Ζωή
-Σαφώς και όχι. Τα φυτά είναι κομμάτι του πλανήτη Γη. Η ενέργεια του Ήλιου που ενεργοποίησε την ύλη της γης. Αυτό που λέμε ζωή. Μια φυσική προέκταση της γης και πλήρως προσαρμοσμένη σε αυτήν, που άλλωστε αποτέλεσε και το υπόστρωμα για την κατοπινή δημιουργία του ανθρώπου. Δηλαδή το ίδιο. Οπότε σαφώς είναι περισσότερο προσαρμοσμένα στην γη από την οποιαδήποτε μηχανή φτιάξουμε. Είναι μάταιο να κάτσουμε να κατασκευάσουμε κάτι τέτοιο, με σκοπό να αντικαταστήσουμε κάτι το οποίο υπάρχει και φυτρώνει παντού και είναι αιώνες δοκιμασμένο και πάρα πολύ πλούσιο και μάλιστα προκύψαμε από αυτό!!!

Ντίνος
-Χαχα! Ναι, όντως θα έπρεπε να το είχα σκεφτεί...

Ζωή
-Δεν πειράζει, χαρά μου που σου το εξήγησα.

(Να και η πρώτη ματιά εκδήλωσης ενδιαφέροντος από τη Ζωή. Ο Ντίνος την ανταποδίδει γοητευμένος)

2ος
-Άντε Ντίνο, πήρες και σήμερα το μαθηματάκι σου και να μην έχεις παράπονο πως σε έχω πάρει μόνο εγώ μονότερμα με τις θεωρίες μου, σήμερα έχεις πρώτης τάξεως δασκάλες.

Άννα

-Ρε μην τον πειράζεις τον άνθρωπο, μας ρώτησε και του απαντήσαμε, δεν του κάναμε μάθημα!

2ος

-Άσε με μωρέ να τον πειράξω λίγο και αυτός πειραχτήρι είναι, γουστάρει!

Ντίνος

  -Ναι, όντως γουστάρω, γουστάρω. Ακούστε και την εξής ρήση: «Ο σκληρός ζει σκληρά, ο αστείος αστεία». Και συνεχίζω με μια ακόμη ερώτηση και συγνώμη αν ακουστεί βλακώδης, του 1990 είμαι... Ζω αυτόν τον καιρό σε μία σχετικά ηλιόλουστη περιοχή με ήπιο κλίμα και γενικώς είναι πολύ ωραίος ο τόπος. Έχετε αλλάξει τίποτα στο κλίμα; Στον τόπο; Είναι παντού έτσι;

Ζωή

-Μου επιτρέπετε να απαντήσω; Αν και πιο σχετικός να απαντήσει είναι ο 2ος, θα πάρω την πρωτοβουλία να απαντήσω εγώ.

2ος

-Ευχαρίστως!

Ζωή

-Υποθέτω πως σε έφεραν εδώ και αυτήν την ήπια εποχή, γιατί το κλίμα είναι βολικό, για να επανέλθεις μετά από τόσα χρόνια αδράνειας. Πιο συγκεκριμένα, σε ανέθεσαν εδώ στον μίστερ, ο οποίος ξέρουν πως μένει σε αυτήν την ήπια, τούτη την εποχή, περιοχή και θα ήταν και κατάλληλος να το πραγματοποιήσει, επειδή μάλλον γνωρίζει πολλά για τον άνθρωπο και τη φύση.

Για το δεύτερο σκέλος της ερώτησης, η γη και τα διάφορα κλίματα της δεν έχουν αλλάξει αρκετά από τα χρόνια σου και σαφώς οι άνθρωποι κατοικούν σε όσα σημεία της γης που το περιβάλλον το επιτρέπει, σεβόμενοι ασφαλώς και τα διάφορα άγρια οικοσυστήματα. Η γη είναι παντού όμορφη και ο άνθρωπος έχει μάθει να προσαρμόζεται. Σε κάλυψα;

  Ντίνος
-Μπορώ να πω πως ναι!

  (Να το ξανά το ύποπτο χαμογελάκι και η ανταπόδοσή του, το γλυκό μάλλον έδεσε.)

  2ος
-Παιδιά, τέτοια ώρα συνήθως παίζουν σε μια πλατεία ένα από τα αγαπημένα μου μουσικά συγκροτήματα, ψήνεστε να πάμε;

  Όλοι μαζί
-Ναιιιιιι!!

  Παίρνει ο 2ος την Άννα και ο Ντίνος τη Ζωή καβάλα στα δίτροχα και φύγανε.
  Στο δρόμο η Ζωή πιάνεται και έχει γύρη με ζεστασιά στην πλάτη του Ντίνου, που κοντεύει να κατουρηθεί πάνω του από τη χαρά. (Πλάκωσαν και μέλισσες, η γύρη θα φταίει).

  Έφτασαν στο πάρκο, παρκάρουν τα δίτροχα δίπλα- δίπλα και πηγαίνουν μέσα. Η ώρα είναι περίπου 7 το απόγευμα, ο καιρός ήπια ζεστός.
  Το πάρκο έχει κόσμο, η μουσική όμως δεν ακούγεται ξεκάθαρα.

2ος
-Πάμε προς τα μέσα!

Περπατάνε προς τα μέσα. Πάρκο, επίσης, με λίγες επεμβάσεις στο φυσικό του περιβάλλον. Ο κόσμος μέσα παίζει διάφορα παιχνίδια, μουσική, άλλοι διαβάζουν, άλλοι συζητούν, άλλοι απλά αράζουν. Καθώς προχωρούν στο εσωτερικό του πάρκου σε ένα μέρος κάτω από δέντρα ακούγεται μια μουσική εναρμονισμένη με το περιβάλλον, αλλά εμφανώς ψυχεδελική και πειραματική. Πρόκειται κυρίως για αυτοσχεδιασμούς. Κόσμος διασκορπισμένος ανάμεσα στα δέντρα, σιωπηλά απολαμβάνει τους ιδιαίτερους ήχους. Η μουσική είναι ένα κράμα κλασικής μουσικής με τζαζ στοιχεία και εμφανώς πειραματική και ψυχεδελική. Τα μουσικά όργανα είναι όλα πολύ ιδιαίτερα, σχεδόν μυστήρια. Κάτι σαν προέκταση του μουσικού, που άλλωστε αυτός είναι και αυτός που τα κατασκευάζει. Ο ήχος πολύ πλούσιος. Αρχικά στέκονται σε ένα σημείο όρθιοι, σχεδόν κοκαλωμένοι. Ο Ντίνος φαίνεται να παραξενεύτηκε ελαφρώς με αυτό που ακούει, ειδικά στα πιο πειραματικά του σημεία. Καλά ο 2ος γουστάρει φουλ. Έχει κλείσει τα μάτια και έχει συγκεντρωθεί πλήρως στους ήχους της ορχήστρας. Κουνάει και το κεφάλι του παράλληλα με τα σκαμπανεβάσματα του ήχου. Το κομμάτι, όσο πρόλαβαν, διήρκησε περίπου 4-5 λεπτά. Μέχρι να ξεκινήσει το άλλο και να ξανακουρδίσουν τα όργανα τους, άραξαν κάπου εκεί γύρω. Γενικά, έχει κόσμο, αλλά όχι πήχτρα, χαλαρά. Ο 2ος αφού κάθεται και βολεύεται, κλείνει ξανά τα μάτια του. Υπό την ιδιαίτερη αυτή μουσική υπόκρουση, ο χώρος είναι γεμάτος από τις εκστασιασμένες από τον ήχο φάτσες των παρευρισκομένων. Το δεύτερο τραγούδι διήρκησε περίπου ένα τέταρτο. Μετά το τέλος του, δεν ξεκινούν να παίξουν το επόμενο, αλλά ούτε μαζεύουν και τα όργανα.

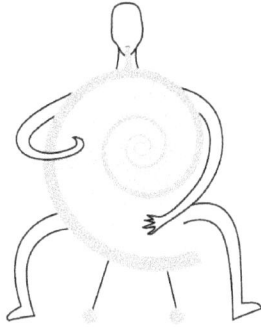

2ος
-Μάλλον θα κάνουν διάλειμμα για ξεκούραση.

Άννα
-Πεινάσατε καθόλου;

(Θετική ανταπόκριση)

Άννα
-Έχω μαζί μου δύο μήλα και δύο ελαιόψωμα, μπορούμε να τα μοιραστούμε.

2ος
-Πολύ ωραία!

Έτσι και έγινε.

2ος στον Ντίνο
-Πώς σου φαίνεται η μουσική;

Ντίνος

-Ωραία, πολύ ωραία, αν και δεν είμαι συνηθισμένος σε αυτό το είδος της μουσικής. Αλήθεια παίζονται ακόμη έργα του Μότσαρτ, του Μπετόβεν;

2ος

-Ναι.

Ντίνος

-Μπετόβεεν, μου άρεσε πολύ ο Μπετόβεν. Δεν μπορώ να ξεχάσω το δεύτερο μέρος της εβδόμης συμφωνίας του. Πω πω, πόσο θα ήθελα να το ξανακούσω!! Πραγματικά δεν μπόρω να εκφράσω τι νιώθω αυτή την στιγμή. Ναι, αν και κυρίως ήμουν του χιπ χοπ λόγω και του μπάσκετ, πάντα έτρεφα ιδιαίτερη εκτίμηση για αυτά τα είδη μουσικής, αν και αυτά που ακούσαμε πριν με παρανοούν λίγο. Εσύ από ό,τι κατάλαβα γουστάρεις πολύ;

2ος

-Ναι, τρελαίνομαι! Όπως και για την 7η!!

Άννα

-Όταν μιλούσα εγώ για τρέλα κάτι ήξερα...

Ντίνος

-Κορίτσια, εσάς πώς σας φαίνεται;

Ζωή

-Ναι, μου αρέσει αν και είναι λίγο πολύπλοκη μουσική.

Ντίνος στη Ζωή

-Είσαι της μουσικής; Σου αρέσει να ακούς μουσική;

Ζωή
-Ναι, μου αρέσει. Ακούω κυρίως παραδοσιακή μουσική. Μουσική βγαλμένη από τη φύση και από τα βιώματα των ανθρώπων κάθε τόπου, πιο μεστή, πιο ρυθμική.

Ντίνος
-Εσένα, Άννα; Πώς σου φαίνεται;

Άννα
-Πολύ ωραία, τους έχω ξανακούσει εδώ με τον μεσιέ. Είναι πραγματικά υπέροχοι μουσικοί, αλλά είναι γεγονός ότι είναι πολλή ψυχεδέλεια.

2ος
-Χαχαχα! Παιδιά, το πάρκο εδώ είναι πανέμορφο! Γιατί δεν πάτε καμιά βόλτα να ξεναγήσετε και τον Ντίνο! Είναι κοντά και η θάλασσα, με πολύ ωραία παραλία!!

Ντίνος
-Θάλασσα!!! Καιρό έχω να δω...

Τα κορίτσια
-Ναι, καλή ιδέα!

Ντίνος
-Τι; Μπορούμε να κάνουμε και βουτιά;

2ος
-Ναι.

Ντίνος
-Εεε και εσένα θα σε αφήσουμε εδώ μονάχο;

2ος
-Παρέα με τους πλούσιους ήχους, σε χαοτικές μουσικές δια-
δρομές απόλαυσης! Μη με λυπάσαι, γουστάρω. Και βασικά
πηγαίνετε όσο είναι καιρός, γιατί τους βλέπω έτοιμους να ξεκι-
νήσουν πάλι (ενώ το λέει κουρδίζουν τα όργανα τους).

Ντίνος
-Οκ μαν, οπότε τα λέμε αργότερα, καλή ακρόαση!!!

2ος
-Καλή βόλτα, παιδιά, και να μου τον προσέχετε!!

Τον χαιρετούν και τα κορίτσια και σιγά- σιγά και με ησυχία
αποχωρούν.
Σιγά- σιγά και με κουβέντα έφτασαν στην παραλία. Αράζουν
στην αμμουδιά. Εκεί κάποιοι κάτω από τα δέντρα χαζεύουν τη
θάλασσα.

Ντίνος
-Πω πω... Θάλασσα! Τι ωραία!! Για να σας ρωτήσω, ο κόσμος
γενικά δεν είναι πλέον της παραλίας, της θάλασσας, του ήλιου
και του μαυρίσματος;

Ζωή
-Ναι... Ο ήλιος πέρα από το ότι μας δίνει ενέργεια, είναι βλα-
βερός, όταν έρχεται σε άμεση επαφή με το γυμνό σώμα για
πολλή ώρα. Το καίει, το οξειδώνει. Βεβαία, σε αυτό συντέλεσαν
και οι πρόγονοί μας και η υπερκατανάλωση βλαβερών για το
στρώμα του όζοντος προϊόντων. Αλλά μην ξεχνάμε, επίσης, ότι
ως ζώα δημιουργηθήκαμε με τρίχωμα. Άσε που εμείς το αντι-
καταστήσαμε με τα ρούχα, γιατί είναι πιο βολικά, να τα προ-

σαρμόζουμε με τις συνθήκες του περιβάλλοντος. Οπότε γυμνοί έχουμε λευκή, ευαίσθητη στον ήλιο επιδερμίδα. Δεν είναι τυχαίο που οι αφρικανοί έχουν στο δέρμα τους πολλή μελανίνη. Η ουσία αυτή τους προστατεύει από τον ήλιο εκεί που έχει πολύ ηλιοφάνεια και λόγω ζέστης δεν έχουν πολύ τρίχωμα, όπως δεν φορούν και ρούχα.

Ντίνος
-Εεεμ αυτό πού το πας!

Άννα
-Και επίσης άλλη μια κληρονομιά που μας άφησαν τα μαύρα χρόνια του υπερκαταναλωτισμού είναι οι ιδιαίτερα μολυσμένες παραλίες. Ααα και το περίεργο της υπόθεσης ήταν ότι οι άνθρωποι που τις μόλυναν υποστήριζαν ότι γουστάρουν πολύ να πηγαίνουν το καλοκαίρι στη θάλασσα και στις παραλίες. Και δώσε τα αντηλιακά, τα πλαστικά σκουπίδια και τα εντομοκτόνα. Πολλή αγάπη για τη θάλασσα και επίσης πολλή αγάπη για τα παιδιά τους!!

Ντίνος
-Τι άσχετοι!!!!

Άννα
-Ναι, και το νερό πέρασαν πολλά χρόνια για να ξανακαθαρίσει και να μπορούμε να το πίνουμε καθαρό από τις πηγές χωρίς έντονη επεξεργασία. Εσείς τότε πίνατε νερό από τη βρύση του δικτύου ύδρευσης ή το αγοράζατε από βιομηχανίες;

Ντίνος
-Από τη βρύση αρχικά, έζησα λίγο το μεταίχμιο.

Άννα

-Αααα δεν το έζησες και πολύ αυτό. Κατόπιν ο άνθρωπος παρήγαγε πολύ μεγάλες ποσότητες φαρμάκων, φυτοφαρμάκων, απορρυπαντικών, εντομοκτόνων, όπλων και ένα σωρό ουσιών-καταναλωτικών προϊόντων που ήταν ανθυγιεινά και βλαβερά για κάθε είδους ζωής, με αποτέλεσμα να συσσωρευτούν στη γη αυτές οι ουσίες σε τόσο μεγάλο βαθμό που κατέστρεφαν κάθε είδους ζωή, οπότε και τον άνθρωπο. Εεε και στο νερό, σαφώς, υπήρξε μεγάλη συσσώρευση.

Ντίνος

-Αυτό είναι απίστευτο, αν και θα έπρεπε να το φανταστώ. Έζησα την αρχή του καπιταλισμού, τα πρώτα στάδια της υπερκατανάλωσης. Ιο «καταναλώνω άρα υπάρχω».

Ζωή

-Και ναι, πάλι κάποιοι άπληστοι άνθρωποι εκμεταλλεύτηκαν την απόλυτη ανάγκη του ανθρώπου να πίνει νερό, για να βγάλουν κέρδος και από αυτό. Έγιναν ιστορικές συγκρούσεις με τα καπιταλιστικά κέντρα που ήθελαν να ελέγχουν το νερό. Αλλά η λύση θα προέκυπτε με τον τερματισμό της απρόσκοπτης κατανάλωσης και της παραγωγής οποιασδήποτε ουσίας, η οποία είναι ανθυγιεινή. Και εννοείται όλα αυτά που τελείωναν σε –κτόνα, εντομοκτόνα και φυτοφάρμακα. Για όλα βρέθηκαν φυσικοί υγιεινοί τρόποι αντιμετώπισης και αρμονικής συμβίωσης.

Ντίνος

-Ναι, τι απαράδεκτοι που μπορεί να γίνουμε, τι άσχετοι που ήμασταν!! Τώρα χρησιμοποιείται κάποια άλλη μορφή ενέργειας πέρα από την ηλιακή; Πετρέλαιο υπάρχει;

Ζωή

-Ναι, θαμμένο ίσως, αν και ρήμαξαν όλο τον πλανήτη με το να σκάβουν παντού, για να βγάλουν οποιοδήποτε κοίτασμα πετρελαίου. Εδώ έγκειται το δεύτερο σκέλος της καταστροφής. Τα μαύρα χρόνια, που άλλωστε ονομάστηκαν μαύρα και για αυτό τον λόγο. Λόγω της μεγάλης καύσης. Ο κόσμος ήθελε ενέργεια και η ενέργεια πουλούσε. Οι άνθρωποι κατασπαταλούσαν ενέργεια για το οτιδήποτε. Οι εταιρείες παραγωγής ενέργειας αύξαναν τα κέρδη τους και τους συνέφερε να παράγουν πολλή ενέργεια και να προωθούν αυτή την κατανάλωση ενέργειας. Έτσι, με σκοπό την αύξηση του κέρδους, έψαχναν τρόπους να βρουν ενεργειακούς πόρους, για να έχουν να πουλάνε, να αυξάνονται τα κέρδη. Η υγεία του περιβάλλοντος και της φύσης μάλλον ερχόταν δεύτερη μπρος στα κέρδη! Στα λεφτά!! Κάποιοι χρύσωναν, άλλοι σκοτώνονταν για το ποιος θα τους εκμεταλλεύεται. Στους οικολόγους έλεγαν «μα αφού ο κόσμος την έχει ανάγκη». Ή ότι «Δεν φτάνει μόνο η ηλιακή ενέργεια!». Και οι άνθρωποι εκεί τον χαβά τους. Αν έχω λεφτά καταναλώνω ή θα κάνω ό,τι μπορώ να βρω λεφτά, για να μπορώ να καταναλώνω!!! Το χειμώνα στο σπίτι με το κοντομάνικο και το καλοκαίρι ζεσταίνομαι, φουλ αιρκοντίσιον και έξω να αυξάνεται η θερμοκρασία από την καύση του αιρκοντίσιον. Και όσο πιο πολλά κυβικά το αμάξι, τόσο περισσότερο κύρος.

Άννα

-Οξύμωρο σχήμα. Ο καταστροφέας της ζωής, ο χλιδάτος τύπος, που για τη χλιδή του υποφέρουν οι υπόλοιποι, είναι και ο άνθρωπος με κύρος. Με τέτοια πρότυπα μεγάλωναν και τα παιδιά και έκαναν και αυτά τα ίδια.

Ντίνος

-Πω πω!!! Καύση, υπερκατανάλωση και άγιος ο θεός!!!

Ζωή
-Ναι, τώρα με αυτά που σου είπαμε, πιθανώς να σου κόψαμε την όρεξη και για βουτιά.

Ντίνος
-Ε λιγουλάκι!! Φυσικά, αντηλιακά δεν έχετε;

Άννα
-Μπορεί να παράξει ο καθένας με εκχυλίσματα καρότου, αλλά γενικά η ανθρωπότητα είναι πολύ συγκρατημένη στην παραγωγή και κατανάλωση και αρκείται μόνο στα απολύτως απαραίτητα. Και πλήρης ανακύκλωση. Το κάθετι υπάρχει μέχρι να φθαρεί τόσο, ώστε να μην είναι λειτουργικό. Δεν κατασκευάζουμε, για να έχουμε κέρδος. Και άλλωστε δεν ξέρω αν το παρατήρησες, δεν υπάρχουν οι κλασικές εργασίες επί πληρωμής και δεν υπάρχουν οι τόσες πολλές υπηρεσίες του παρελθόντος. Για παράδειγμα, με την ιατρική ασχολούνται σχεδόν όλοι οι άνθρωποι, γιατί όλοι ασχολούνται με την υγεία του σώματός τους, αλλά υπάρχουν και πιο εξειδικευμένοι γιατροί στα νοσοκομεία που σαφώς δουλεύουν από ευχαρίστηση και είναι πολύ υπερήφανοι να βοηθούν τους ανθρώπους, όπως και εμείς με τις επιστήμες μας. Άλλα δεν υπάρχουν έμποροι, καταστήματα, πωλητές, αστυνομικοί, σεκιούριτι, δικηγόροι, οικονομολόγοι, τράπεζες, λογιστές, διαφημιστές, καμαριέρες, καφετέριες, σερβιτόροι και τόσες μα τόσες υπηρεσίες που υπήρχαν στα χρόνια σου.

Ντίνος
-Ούτε λεφτά, ούτε σκλαβιά, ούτε καταστροφή. Μόνο χαρά, μόνο ζωή!!!

Ζωή
-Και μια που είπες για ζωή, για πες τι γυρεύατε σήμερα στην πλατεία του σεξ;

Ντίνος

-Πλατεία του σεξ!;!; Εεεε τυχαία που λες περνούσαμε και λέμε, εγώ δηλαδή που δεν ήξερα κιόλας, ωραίο πάρκο δεν πάμε καμιά βόλτα να το δούμε (το λέει- και καλά- σοβαρός).

Ζωή

-Χαχα ασ' τα σάπια!! Εσύ που μας ήρθες από τα παλιά σε κόβω φουλ ορμές! Άλλωστε φαινόταν και στο βλέμμα σου. Στον τρόπο που με κοιτούσες.

Ντίνος

-Χαχαχα, απαπαπαπα, είναι γεγονός (με φάτσα κοκκινισμένη και γκριμάτσα- και καλά- έκανα γκάφα)!!

Ζωή

-Σου είπε ο φίλος μας περί του σεξ για την εποχή μας;

Ντίνος

-Ναι, μου έκανε μια μίνι σεξουαλική διαπαιδαγώγηση.

Άννα

-Ωραία, για να ξέρεις εγώ και η Ζωή είμαστε ξαδέρφες, και το ένστικτο μας που λες έχει τη σκέψη του σεξ έντονη.

Ζωή

-Έχουμε έντονες σεξουαλικές ορμές, με λίγα λόγια.

(Ο Ντίνος έχει μείνει παγωτό)

Άννα

-Και από ό,τι κατάλαβες πήγαμε στο πάρκο να κάνουμε μια νέα γνωριμία και γιατί όχι να ικανοποιήσουμε αυτή την ανάγκη. Ασχέτως αν πέσαμε τελικά και σε γνωστό.

Ζωή

-Σε κομπλάραμε εε; Δεν είσαι έτσι μαθημένος; Σόρι!

Ντίνος

-Ναι, είναι γεγονός πως με έχετε ψιλοκομπλάρει... χαχαχα... Πλάκα έχουμε!!

Άννα

-Από πλάκα άλλο τίποτα!! Ιι λες θα μας ικανοποιήσεις;

Ντίνος

-Με πολύ πολύ πολύ μεγάλη ευχαρίστηση!!! Να πούμε και στον 2ο εεεεε!!!

Άννα

-Εννοείται, αν και δεν τον κόβω αυτόν τουλάχιστον για σήμε-ρα. Αυτός τώρα θα έχει εκσπερματώσει ήδη από τις.. πώς τις λέει;... Τις ηχητικές χαοτικές δια-δρομές απόλαυσης!!

ΧΑΟΣ          Χαχαχαχαχα!! (Γελάνε και οι τρεις)

Ντίνος

-Είναι πολύ ωραίος ο 2ος!!

Άννα
-Ναι, έχει πολλή πλάκα και πάθος. Πού και πού πάω και μένω εκεί στο σπίτι του και περνώ πολύ ωραία. Μετά τον αφήνω στην ησυχία του, άλλωστε αν μείνω και πολύ εκεί, θα σαλτάρω!!!

Ζωή
-Τι λέτε, πάμε να τον βρούμε;

Άννα
-Ναι, παίζει να έχουν τελειώσει και οι μουσικοί.

Ντινός
-Και αυτοί; (αστειάκι)

Ζωή
-Κρίμα, βέβαια, θα χάσουμε το ηλιοβασίλεμα!!

Άννα
-Δεν πειράζει άλλη φορά, να μη μας περιμένει ο 2ος.

Ντίνος
-Φύγαμε!!!

Περπατούν προς το χώρο που είχαν αφήσει τον 2ο, παράλληλα αρχίζει να σουρουπώνει! Ο ουρανός έχει γεμίσει από την πλούσια χρωματική εικόνα του ηλιοβασιλέματος!

Γύρισαν πίσω. Όντως η μουσική τελείωσε και οι μουσικοί άρχισαν να μαζεύουν τα όργανα τους (πνευμόνια, συκώτια, αρχίδ.. εεπ πιπέρι στο μυαλό! Άουτς!).

Ο 2ος μιλάει με κάποιους ανθρώπους. Ανάμεσα τους και οι μουσικοί που έπαιζαν προηγουμένως. Τον πλησιάζουν και χαιρετάνε τους ανθρώπους που βρίσκονται μαζί του. Ο 2ος εκείνη την ώρα μιλάει με κάποιον μουσικό, τους χαμογελάει και συνεχίζει την κουβέντα. Τα παιδιά δεν τον διακόπτουν. Μετά από λίγο χαιρετάει τον φίλο του και τους πλησιάζει.

2ος
-Τι λέει, παίδες, πώς τα περάσατε, κάνατε βουτίτσα στη θάλασσα;

Ντίνος
-Όχι μωρέ, τελικά μόνο τη χαζέψαμε, ωραία ήταν!!

Άννα
-Τον ξενερώσαμε και εμείς λέγοντάς του κάποια πράγματα για τα μαύρα χρόνια… Άντε μετά ο άνθρωπος να μπει στη θάλασσα!

Ντίνος
-Εντάξει, είχε αρχίσει και να σουρουπώνει, δεν ήθελα και να κρυώσω. Εσύ εδώ; Πώς πήγαν οι…. εεεε…… οι χαοτικές διαδρομές του ήχου;

2ος
-Πολύ χάος, γούσταρα πολύ. Μου αρέσει πολύ αυτή η μουσική!!!

Ντίνος
-Τέλεια! Αν και σου αρέσει να ζεις προσαρμοσμένος στα -εκ των πραγμάτων- της γης, γουστάρεις από ό,τι βλέπω και την ψυχεδέλεια και το χάος;

2ος
-Ναι, γουστάρω να ψυχεδελιάζω, μου αρέσει η φαντασία και η υποθετική άπειρη άπλα του χάους για ατελείωτα ταξίδια. Μου αρέσει ο πλούτος στη μουσική, στη ζωή, στην τροφή. Η ντομάτα και το χώμα του κήπου μου. Η εικόνα. Ο πλούτος της μορφής των δέντρων, του κυματισμού της θάλασσας. Ο πλούτος! Μη σε μπερδεύει η έννοια της λέξης πλούτος της εποχής σου. Είναι άλλο πράγμα. Δε θα επεκταθώ……Στην υγεία και στη γη έγκειται το σύνολο σχεδόν της ζωής μου, της ύπαρξης μου. Κατόπιν υπάρχει και το «χαβαλέ του χάους», όπως το αποκαλώ. Όπως και άγνωστη ακόμη πραγματικότητα.

Ντίνος
-Το έθεσες ωραία.

2ος
- Ευχαριστώ μαν! Τι λέει παιδιά τώρα το πρόγραμμα;

Άννα
-Λέμε να πάμε να κάνουμε σεξ, εσύ τι λέει, ψήνεσαι;

2ος
-Μωρέ εκστασιάστηκα τώρα και λέω να πάω σπίτι, έχω αύριο και κάποιες εργασίες στον μπαξέ και γενικά δεν έχω τόσο όρεξη για σεξ. Θα με συγχωρέσετε που δεν θα έρθω.

Άννα
-Χα χα, όπως το είχα φανταστεί.

Ντίνος
-Έλα μωρέ, για παρέα.

2ος
-Σόρρυ μαν, άλλη φορά μην άγχεσαι.

Ντίνος
-Οκ, λοιπόν. Δεν επιμένω.

2ος
-Θα πάτε στο κοινόβιο;

Άννα
-Ναι, μωρέ.

2ος στην Άννα
-Θα σε πάρω εγώ, μην πάτε τρικάβαλο.

Άννα
-Οκ!

2ος
-Φύγαμε για τα δίτροχα λοιπόν!

Φτάνουν στα δίτροχα. Τα καβαλάνε.

2ος στον Ντίνο
-Μεγάλε, ακολούθησέ με!!

Ντίνος
-Οκ, μεγάλε μου!

Έφτασαν. Τους χαιρετάει εκεί ο 2ος και τους αφήνει. Μάλιστα τους λέει:

-Καλό σεξ, παιδιά, και να μου τον προσέχετε!!!

Το κοινόβιο είναι ένα τριώροφο, λίγο μεγάλο, παλιό, παραδοσιακό κτίριο, με ψηλοτάβανους χώρους. Η κοινότητα είναι μια αραιοκατοικημένη κωμόπολη- χωριό με μπαξέδες σε κάθε σπίτι.

Ανεβαίνουν στον πρώτο όροφο.

Άννα
-Πάμε στο δωμάτιό μου.

Και να μην μακρηγορώ ακολουθεί μια νύχτα οργιώδους και τέλειου σεξ. Οι κοπέλες ήταν γκουρού στο σεξ, έστειλαν τον Ντίνο αδιάβαστο.

Το πρωί βρίσκει τον Ντίνο να κοιμάται γυμνός στο κρεβάτι με δυο, επίσης, γυμνές γυναίκες.

Ξυπνάνε και καλημερίζονται.

Σηκώνονται, πλένονται, τουαλέτα και τα σχετικά, φτιάχνουν πρωινό και κάθονται να φάνε. Κουβεντιάζουν και επικρατεί ένα πολύ ευχάριστο κλίμα. Τα αστειάκια του Ντίνου πάνε και έρχονται.

Ντίνος
-Σας ευχαριστώ πολύ για τη χθεσινή βραδιά, πέρασα υπέροχα!

Ζωή
-Και δική μας χαρά!

Ντίνος
-Τι λέει σήμερα; Τι θα κάνετε;

Ζωή
-Θα πάμε από τον μπαξέ και μετά εγώ θα πάω να ασχοληθώ με
τα πειράματά μου. Εσύ Άννα, θα πας σήμερα;

Άννα
-Ναι, και θα κάτσω έως αργά το βραδύ. Εσύ Ντίνο θυμάσαι τον
δρόμο;

Ντίνος
-Ναι, τον ψιλοθυμάμαι, θα ρωτήσω και κανέναν στο δρόμο,
μην ανησυχείτε θα τη βρω την άκρη... Ωραία, κορίτσια, άντε
να σας αφήσω να κάνετε τις δουλειές σας. Θα ξαναπώ ότι πέ-
ρασα πολύ ωραία και θέλω να βρισκόμαστε να τα λέμε, τώρα
που γνωριστήκαμε.

Ζωή
-Ναι, εννοείται πως θα κρατήσουμε επικοινωνία!

Άννα
-Να δώσεις και πολλά χαιρετίσματα στον φίλο μου!

Αποχαιρετιούνται θερμά και ο Ντίνος την κάνει. Κατεβαίνει
κάτω χοροπηδώντας από τη χαρά του. Μάλιστα παραμιλάει
μόνος του.
-Μαλάκα δεν το πιστεύω, μαλάκα απίστευτο!!!

Στον δρόμο της επιστροφής χάνεται, κάνει γύρους από τα
ίδια σημεία, ρωτάει και κουβεντιάζει με ανθρώπους στον δρόμο,
σταματάει και χαζεύει την ομορφιά της φύσης, προσκυνάει τη
φύση και τη ζωή, έχει πάθει αμόκ χαράς!!!!
Τελικά μετά από κάμποση ώρα βρίσκει το σπίτι και ψάχνει τον 2ο.

Δεν ήταν εκεί όποτε πάει από τον μπαξέ. Καθώς πλησιάζει βλέπει τον 2ο να αιωρείται στον αέρα και να αλλάζει μορφές. Κάποιές από αυτές είναι γνώριμες. Ωπς έγινε ο Μάικλ Τζάκσον. Άσπρος, Μαύρος. Κάνει μουνγκόκινγκ στο αέρα! Ναι, λοιπόν, ο 2ος είναι ο παππούς του Καπαμαρού* ! Χι χι χι, πλακίτσα για σασπένς. Μπακ του ριάλιτι (;), ο 2ος εκείνη την ώρα κάνει τις εργασίες του.

2ος
-Πού είσαι, ρε Ντίνο μεγάλε!! Πώς πέρασες; Καλά και μόνο που βλέπω τη φάτσα σου καταλαβαίνω... Και τα αυτιά σου γελάνε!!!

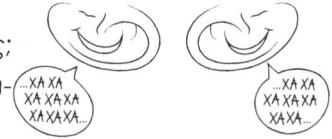

Ντίνος
-Μεγάλε απίστευτο, φέρε μου την τσάπα να τσαπίσω τους κήπους όλης της γης, φέρε μου κλαδευτήρι να τα κλαδέψω...
-Κάτσε, μεγάλε, πήρες φόρα!
-Όχι, μεγάλε μου, δεν είναι μόνο η μαγική νύχτα που πέρασα χθες, είναι όλα! Είναι τα πάντα! Είναι η ζωή!
-Χαίρομαι! Χαχχαχαχαχαχαχα, έλα (τον πιάνει από τον ώμο), πάμε να σου μάθω την τέχνη του σωστού τσαπίσματος!! Που λες το σωστό τσάπισμα...

Και πάει λέγοντας και προχωράνε αγκαλιασμένοι!!!

*Αποχαιρετήστε το ξύπνημα του Ντίνου Φούσκα, η πραγματική ζωή σας περιμένει...*

---

* ιαπωνική σειρά κινουμένων σχεδίων